RUNNING THERAPY

Cet ouvrage est paru pour la première fois en langue anglaise sous le titre *Run for your Life*, chez Penguin Random House, en 2017.

WILLIAM PULLEN

RUNNING THERAPY

Courir en pleine conscience pour ne plus courir après sa vie

MARABOUT

SOMMAIRE

INTRODUCTION

QU'EST-CE QUE LA THÉRAPIE DYNAMIQUE PAR LE RUNNING ?

« Le mouvement est un médicament. »

Vous est-il déjà arrivé, lors d'une longue marche au grand air, seul ou avec des amis, de ressentir ce moment limpide où tout dans votre vie paraissait trouver sa place ? Êtes-vous déjà allé courir, la tête pleine après une dure journée de travail, avant de rentrer chez vous, épuisé, en sueur, avec un regard neuf sur les événements de cette même journée ? Dans sa version la plus fondamentale, cette sensation, cette clarté soudaine de votre esprit sont à la base de la « thérapie dynamique par le running », aussi appelée « TDR ».

La TDR est une méthode thérapeutique, puissante et stimulante, qui permet d'affronter les émotions et les épisodes difficiles de l'existence à travers le mouvement. En conjuguant l'exercice, la thérapie verbale et la sagesse ancestrale de la pleine conscience, celle-ci vous aide à renouer avec une existence saine et épanouie. Si la pleine conscience est traditionnellement centrée sur les sensations du corps et de l'environnement pour vous ancrer dans le présent, la TDR franchit un pas de plus. En effet, elle se sert du mouvement de votre corps pour vous relier à vos émotions, vous permettant ainsi de les comprendre pour mieux les traiter. Cette méthode dynamique ouvre une voie à la fois plus autonome et plus efficace vers la guérison que la thérapie traditionnelle, car elle ajoute une notion d'aptitude et d'accomplissement personnel à votre parcours.

La thérapie dynamique par le running peut aussi être adaptée à votre niveau de forme, pourvu que vous consacriez une partie de ce moment à vous lancer un défi physique, quel qu'il soit. Autrement dit, si marcher représente pour vous un effort, cela peut compter dans la TDR. De même, si vous aimez le sprint, c'est l'allure que vous pouvez fixer à votre séance de TDR. L'essentiel est de trouver le bon niveau de difficulté, à partir duquel votre circulation sanguine accélérera un peu. Il est inutile de trop vous pousser ou de maintenir le même rythme durant toute la séance. Sentez-vous libre de varier les cadences, d'une minute à l'autre, ou d'une séance à l'autre. Et, pour les journées où il pleut trop, ou pour celles où vous ne vous sentez pas en grande forme, une séance assise, en intérieur, peut tout à fait convenir.

« Pour moi, si la vie doit se résumer à une chose,
c'est le mouvement. Vivre, c'est ne pas cesser de bouger. »
Jerry Seinfeld

Quiconque a eu l'occasion de se confier à un ami au cours d'une marche ou d'un long trajet en voiture connaît cette sensation de bien-être que procure le fait de marcher tout en se parlant. Les mots semblent couler de source, et les confidences se bousculer. Emporté par votre propre élan, vous finissez par emprunter un chemin qui se déroule et se déploie dans votre esprit. Vous ne savez pas où ce chemin vous mène, mais vous ne ressentez aucune nécessité de vous arrêter. Au contraire, bien que vous ne compreniez pas toute la portée de vos propos, la sensation de vivre un moment important vous gagne petit à petit. Durant cette conversation, des confidences que vous aviez rarement partagées sont abordées avec une surprenante facilité. Quand un silence s'installe, il semble faire naturellement partie du périple, et cette route mouvante qui s'ouvre devant vous contribue en quelque sorte à maintenir cette sensation d'« osmose ». Certaines personnes évoquent une impression de « flux », phénomène grâce auquel vous avez le sentiment d'être exactement là où vous devez être, de faire exactement ce que vous êtes censé faire, à ce moment précis.

La thérapie dynamique par le running ne vous promet pas de vivre ce flux de manière ininterrompue, mais parce qu'elle unit la thérapie verbale au mouvement, cette pratique engendre souvent cet état de flux. Le fait est que le mouvement est réparateur – ce n'est pas seulement un remède pour le corps, mais aussi pour l'esprit et pour l'âme. Nous le savons jusque dans nos os et dans nos cœurs. Le mouvement est instinctif, il est inscrit dans la profondeur de notre ADN. C'est pourquoi nous vivons ce flux, et le moindre rythme sonore nous invite au déhanchement de la danse.

Dès lors, pourquoi ne retenir que la leçon des mots écrits, ou celle de nos pensées, quand le corps en mouvement regorge de tant d'informations ? Le corps qui communique pousse un cri et il est capable de tout nous dire : ce qui nous rend heureux ou tristes, ce que nous faisons sous le coup du stress ou de la colère. Votre posture voûtée trahit tout le poids du monde qui pèse sur vos épaules, en ce lundi pluvieux et venteux. Votre pas léger, ce matin, pourrait être une conséquence de votre promotion d'hier. Votre manière de courir peut être indicative de votre façon de vous mouvoir dans le monde au sens large, notamment dans vos relations personnelles ou professionnelles. Êtes-vous prompt à la détente, mais vous fatiguez-vous rapidement ? Vous soutenez une allure constante, mais êtes-vous incapable de vous laisser aller ? Ou bien êtes-vous un sprinter qui ne songe qu'au *finish*, au point d'oublier que la manière dont vous vous entamez la course a aussi son importance ?

Ce qu'est la TDR

- La TDR est un exercice ouvert, qui ne cessera que lorsque vous l'aurez décidé.
- Vous êtes maître de l'exercice, qui sera donc aussi physique que vous le souhaiterez, ni plus ni moins.
- Vous pourrez adopter la position assise, la marche ou le running – il s'agit de s'enraciner et d'être présent aux divers stades du mouvement.
- C'est proactif. Autrement dit, c'est une mise en œuvre physique des sentiments de votre vie et des changements que vous désirez.

Ce que la TDR n'est pas

- Ce n'est pas un programme d'exercice d'un genre nouveau.
- Ce n'est pas une activité de remise en forme rapide – physique, mentale ou émotionnelle.
- Cela ne se limite pas à la course.
- Cela n'exige pas une condition physique de haut niveau.

Dans nos vies, le mouvement est essentiel. Souvent, pour évoluer ou surmonter l'adversité, nous avons besoin de comprendre que nous nous engageons dans un passage ou une transition. Le mouvement déplace le point de vue et, ainsi, se révèle porteur de clarté, générateur d'espoir, d'énergie et de possibilités. C'est là un phénomène essentiel à la puissance de la TDR : ce que l'on appelle l'« émotion en mouvement », une sensation de plénitude et de lien avec nos émotions, lorsque nous bougeons. Nous commencerons peut-être par nous relier avec des sensations enfouies en nous. Quand nous nous mettons à bouger, nos émotions remontent à la surface, animées par l'énergie que nous déployons et par l'histoire que nous nous racontons. En un sens, tout se passe comme si le mouvement devenait une mise en œuvre ou une forme de réalisation de nos émotions intérieures. Cette expression de notre intériorité peut nous donner l'impression de mieux nous approprier ce que nous sommes vraiment, comme si nous étions plus en accord avec nous-mêmes. Ce processus fort, consistant à marcher ou à courir avec nos sensations, à l'intérieur ou à travers elles, finit par se révéler incroyablement révélateur et libérateur, et c'est le socle de la thérapie dynamique par le running.

L'enjeu de cette expérience consistera parfois à nous familiariser, à nous rapprocher et à en savoir davantage sur une émotion précise. D'autres fois, l'exercice sera douloureux, et il s'agira plutôt d'extérioriser une émotion refoulée. D'autres fois encore, il faudra simplement aller de l'avant, tranquillement, et se livrer avec plénitude à la perception que nous avons de nous-mêmes.

Que vous soyez seul(e) ou avec un(e) ami(e), sachez quel défi vous vous lancez. Il est important de respecter le processus et d'en faire votre allié. Cela produit souvent un élan qui peut conduire à des révélations surprenantes – des moments d'illumination, quand la vérité émerge d'un souvenir, ou quand on se remémore un détail pour la première fois. Il se pourrait aussi que vous viviez une émotion avec une plénitude inédite. Cela peut tour à tour se révéler agréable ou douloureux. Ce peut aussi être le rappel d'un moment particulier ou d'un compliment dont la portée dans votre vie ne vous apparaît nettement que maintenant, une confrontation redoutée avec un être aimé, ou une rupture inévitable. Vivez ce moment avec lenteur, rien ne presse. Ne vous bousculez pas, ne vous sentez soumis à aucune obligation de dévoiler ce ressenti à un(e) ami(e).

Évitez de lutter

Quand on pratique la TDR, il ne faut surtout pas « lutter ». La lutte fait le lit de l'angoisse, et c'est un fléau moderne de première grandeur. Le meilleur moyen d'accéder à la compréhension de soi et à la guérison consiste à dégager le chemin qui y mène en s'abstenant de tout passage en force. On n'accède pas à la paix en luttant constamment. Il ne sert à rien de courir aussi loin ou aussi vite que possible, en s'efforçant de comprendre le maximum de choses possible. Vous trouverez votre rythme et votre foulée au fur et à mesure.

LE DÉVELOPPEMENT DE LA THÉRAPIE DYNAMIQUE PAR LE RUNNING

Dès les premiers pas, cette thérapie dynamique par le running s'est inscrite dans un cercle : celui de l'allée qui entoure le lac Serpentine, dans Hyde Park, à Londres. Ce vaste parc s'étend au cœur de la métropole et, à l'été 2007, ces lieux étaient appelés à devenir mon autre chez-moi, un refuge à l'abri du vacarme et de la frénésie de la ville. Ses alcôves et ses niches aux feuillages épais, ses coins tranquilles et ses petites buttes discrètes devinrent mon asile de verdure. Quand j'étais dans ce parc, j'éprouvais une sensation d'espace. Les pensées qui d'ordinaire m'envahissaient l'esprit semblaient s'apaiser un peu. À ma grande surprise, ce fut aussi là-bas que je trouvai ma vocation, au milieu des arbres et des oiseaux.

Comme la plupart d'entre nous, ma vie est faite de hauts et de bas. Par le passé, j'ai pris quelques mauvaises décisions, des bonnes également, et quelquefois d'autres encore que certains pourraient qualifier d'extrêmes. Pour moi, elles ne représentaient jamais que des étapes sur mon chemin – je faisais de mon mieux avec ce dont je disposais, comme nous tous. Il est important de ne pas laisser les événements passés prendre le pas sur notre récit présent, car nous seuls en sommes responsables. Souvent, la guérison passe par l'identification des choix effectués tout au long du parcours, plutôt qu'au retour continuel sur ce parcours. Et dès que nous comprenons quel rôle nous avons joué pour atteindre notre position actuelle, ce potentiel s'accroît. Ce que j'ai découvert à Hyde Park cet été-là, c'est que, comme tout le monde, si forte qu'ait été ma volonté d'évitement de moi-même ou ma capacité de détachement par rapport au passé, je devais accepter la responsabilité de nombre de mes mauvaises décisions. Mais surtout, je me suis aperçu que le vrai problème ne tenait pas à ce qui m'était arrivé la veille, mais plutôt à ma relation à moi-même, dans le présent. Avant d'entamer toute action, je devais d'abord apprendre à évaluer cette relation.

Mon parcours personnel comportait quantité de tours et de détours, quelques moments éclatants, et d'autres, épouvantables. Je n'ignorais pas les propriétés rajeunissantes de l'exercice et du grand air, et, pour combattre mes plus sombres moments, j'y accordais une place centrale dans mon plan de ressourcement. J'ai commencé à courir presque tous les jours, en faisant le tour du lac Serpentine. Au début, ayant fumé toute ma vie, j'étais incapable de couvrir plus de quatre cents mètres. Je garde un souvenir impérissable du jour où j'ai bouclé mon premier tour complet – plus de trois kilomètres ! Je redécouvrais non seulement ma force physique, mais aussi des parts de moi-même demeurées à l'état latent depuis des années. Je me sentais revigoré, rempli de la sensation que tout était possible – l'opposé même des pensées dépressives qui m'avaient habité jusque-là. Je commençais à entrevoir un semblant d'espoir assez rassurant. Il m'a fallu franchir bien des étapes – non sans quelques revers –, mais, en fin de compte, j'ai su puiser en moi assez de capacité de mouvement pour m'extraire de l'ornière.

Je n'étais pas seul à fouler cette terre de bienfaits. J'avais pour partenaire un ami qui livrait lui aussi une rude bataille, car il vivait les premiers stades d'une rupture qui s'achèverait par un divorce. Courir ensemble nous a offert davantage qu'une fraternité salvatrice : je me suis aussi aperçu que cela nous aidait à nous ouvrir au monde. Cela révélait au grand jour ce qui couvait toute la journée en nous, et nous permettait ainsi d'y avoir accès. Étrangement, discuter de ce qu'avaient été mes tourments intérieurs ne paraissait plus seulement possible, mais devenait essentiel, comme si j'étais subitement possédé par un désir de partager. C'était pour moi une grande surprise. D'où venait cet homme qui avait tant à dire sur la vie ? Ce personnage qui manifestait une telle envie d'entendre le récit des combats des autres ? Et qui se sentait si à l'aise au milieu de tant d'intimité ?

J'attendais ces séances de jogging avec impatience, au cours desquelles la sincérité s'imposait si facilement, où la faculté de m'exprimer et d'être entendu me semblait à la fois libératrice et réparatrice. Mais je me sentais aussi investi d'une autorité – j'étais le capitaine de mon navire, et je mettais activement le cap sur le bien-être. Un an plus tard, je sautai le pas et, après ma thérapie personnelle, j'entamai à mon tour une formation de six ans pour devenir thérapeute. Cette formation était intense, et elle m'a procuré une connaissance accrue de l'histoire et des différents types de psychothérapies accessibles aujourd'hui. Les diverses institutions où j'ai travaillé par la suite m'ont fourni une vision précieuse du rapport que les individus entretiennent avec eux-mêmes et avec autrui. J'ai appris aussi l'importance de la patience, du silence et de l'espace. J'ai enfin découvert ce qu'était une relation véritable, faite de réelle empathie et de clarté.

Rien qu'à observer la réémergence du bonheur et de l'espoir sur les visages de ceux avec qui je pratique la TDR, je me sens privilégié. Voir le stress et l'anxiété laisser place au calme et à la félicité, voilà une expérience profonde ! Chacune de ces personnes doit escalader ou descendre une montagne, et c'est un honneur que d'accompagner chacune d'elles dans ces premiers pas, si difficiles et si importants.

QUELS SONT LES EFFETS PARTICULIÈREMENT BÉNÉFIQUES DE LA TDR ?

« Si vous êtes incapable de voler, courez ;
si vous êtes incapable de courir, marchez ;
si vous êtes incapable de marcher, rampez ;
mais quoi que vous fassiez, il faut continuer d'avancer. »
Martin Luther King

SE DÉBLOQUER

La thérapie dynamique par le running peut se révéler particulièrement utile pour les gens qui se sentent « bloqués », épuisés, ou encore qui ont le cafard, souffrent d'angoisse, de stress ou de dépression. En soi, le mouvement qu'implique la TDR « incarne » ce processus de « déblocage ». La recherche scientifique démontre l'efficacité de la marche et de la course, capables de soulager les symptômes liés à ces maux. Associez cela à la sensation de maîtrise que confère la prise en main physique et volontaire de votre situation, une suite d'étapes mesurables, réalisables, l'une après l'autre, et vous aurez une recette susceptible de créer du changement.

Beaucoup de gens éprouvent un sentiment d'impuissance quand ils sont confrontés à une douleur ou à un défi trop difficile. Ces symptômes comportent souvent une montée de stress, une difficulté à trouver le sommeil, de l'irritabilité, un sentiment de solitude – la liste est longue ! La TDR vous procure une impression de maîtrise, de motivation et d'accomplissement qui permet de contrer ces symptômes, en vous donnant assez d'espace pour traiter le problème en profondeur.

GÉRER LA COLÈRE

L'exercice physique renforce vos différents niveaux d'énergie et permet de réduire la fatigue mentale qu'entraînent souvent la colère et la frustration. Cela peut agir comme un exutoire face à l'exaspération et à la fureur rentrée. Là encore, revivre certains de ces symptômes vous offre la possibilité d'examiner une situation sous-jacente et la cause première de ces émotions.

RÉGLER SES PROBLÈMES RELATIONNELS

L'atmosphère de collaboration et de confiance que fait naître la TDR contribue à créer un espace où il est possible de discuter de sujets difficiles, comme l'infidélité ou les dysfonctionnements sexuels. Cela conduit à une plus grande conscience de soi et à une meilleure confiance en soi. Quand nous nous inquiétons du comportement d'un être aimé, par exemple, ce processus est un moyen utile de mettre en lumière certaines situations et notre façon d'y réagir.

ATTEINDRE UN OBJECTIF

La thérapie dynamique par le running est parfaitement adaptée à ceux qui ont un but précis, ou qui doivent prendre une décision importante, car l'effort fourni à chaque séance procure une sensation puissante : celle de progresser et d'agir. Pour cette même raison, elle est tout à fait adaptée aux grandes transitions de la vie, comme un divorce ou un changement professionnel. Pour ceux qui ont de la peine, elle sera éventuellement un moyen utile pour renouer avec l'espoir et la vie.

La pleine conscience

« Il est remarquable de constater combien il est libérateur de considérer ses pensées comme de simples pensées, et non comme s'il s'agissait de "nous" ou de la "réalité". [...] Cet acte tout simple de considérer vos pensées comme des pensées peut vous libérer de la réalité déformée qu'elles créent souvent, vous procure davantage de lucidité et vous donne l'impression d'une vie plus gérable. »

Jon Kabat-Zinn

Ces dernières années, la pleine conscience a suscité beaucoup d'intérêt. Elle existe cependant depuis des siècles, et puise ses origines dans la tradition bouddhiste. On peut attribuer une bonne part de sa popularité à Jon Kabat-Zinn, professeur bouddhiste à l'université du Massachusetts, qui a développé « la réduction du stress fondée sur la pleine conscience », une méthode employée dans le monde entier pour combattre le stress.

L'idée-clef de la pleine conscience consiste à se concentrer sur le présent immédiat – au lieu du passé ou du futur –, sans aucun jugement. On vous invite à vous montrer attentif à ce qui se passe autour de vous et en vous à cette minute précise. Cela comprend toutes les pensées, émotions et sensations que vous vivez à cet instant. La conscience sans jugement suppose d'être ouvert à tout ce qui vous traverse, en veillant à ne formuler aucune opinion sur le caractère agréable ou désagréable de ce que vous vivez. Si une telle opinion surgit, on la laisse filer. Après tout, les opinions ne sont pas des faits – elles vont et viennent, changent de jour en jour. Plus vous progresserez en ce sens, plus la pleine conscience deviendra une habitude, et plus vous serez en mesure de découvrir en vous un lieu apaisé, libre de tout jugement, où vous pourrez vous retirer quand vous en ressentirez le besoin.

Bouddha et les deux flèches

Bouddha enseignait que chaque fois que quelque chose nous arrive dans notre vie, nous sommes atteints de deux flèches. La première flèche, c'est l'événement proprement dit. La seconde flèche, c'est notre réaction à l'événement, et tout ce que nous y ajoutons. Nous ne pouvons éviter la première flèche, mais nous pouvons apprendre à surmonter la seconde. En recourant à la pleine conscience, nous pouvons apprendre à nous limiter plus souvent à la première, et, ce faisant, à nous éviter une bonne part de confusion, de frustration et de rumination liées à la seconde.

Chaque séance de TDR commence par un processus en quatre étapes que l'on appelle l'enracinement, fortement inspiré de la pleine conscience. Un guide détaillé de l'enracinement vous est proposé aux pages 31 à 36. Dans le cadre de la TDR, la procédure est plus courte que lors d'une séance de méditation de pleine conscience ordinaire, mais cela aide ceux d'entre nous qui ont du mal à rester sereins, à atteindre ce même état de pleine conscience.

La thérapie dynamique par le running partage avec la pleine conscience la conviction que nous pouvons pacifier nos sentiments et nos pensées en les identifiant. Nous découvrons qu'il existe un moyen de nous retrancher de nos pensées, et qu'une pensée peut apparaître et disparaître. Cela nous dispense de toute identification excessive avec ces pensées – ce qui donne si souvent l'impression d'être submergés. Elle nous libère aussi de cette stratégie vouée à l'échec où nous essayons de refouler nos pensées, ce qui n'aboutit souvent qu'à les rendre plus inquiétantes et à les faire resurgir ailleurs.

> « Les gens croient sincèrement qu'en se souciant assez de leur malheur, ils finiront par trouver une solution. »
>
> *Mark Williams et Danny Penman*[1]

La plupart d'entre nous savent ce que c'est de ruminer sur un problème jusqu'à ce que celui-ci devienne disproportionné. Nombre d'entre nous font cela tous les jours, et nous nous servons de notre esprit pour essayer de « chasser par la pensée » les sensations désagréables. Ainsi que Mark Williams et Danny Penman l'expliquent dans leur livre, *Méditer pour ne plus stresser*, ce n'est pas l'humeur ou le sentiment qui causent le plus de dégâts, mais votre réaction. Souvent, nous nous plions à une habitude trop bien rodée, celle d'identifier le sentiment qui fait « problème », en nous creusant ensuite la tête en quête d'une solution.

1. Citation extraite du livre *Méditer pour ne plus stresser. Trouver la sérénité, une méthode pour se sentir bien*, Odile Jacob, 2013.

Cela implique de ressasser tous les « problèmes » similaires jusqu'à trouver une concordance – une habitude aussi pénible que vaine. Après cela, nous nous réprimandons d'avoir encore échoué à résoudre la question. Cette spirale ne nous fait aucun bien. La TDR nous aide à lâcher prise, à davantage exister dans le présent, et dans l'acceptation.

COMMENT UTILISER CE LIVRE

Le premier enjeu consiste à déterminer votre objectif grâce à la thérapie dynamique par le running. Vous avez peut-être déjà une idée claire à ce sujet, mais si ce n'est pas le cas, lisez ce livre jusqu'au bout et essayez ensuite de choisir le chapitre le plus pertinent à vos yeux. Certains lecteurs se reconnaîtront peut-être dans plus d'un de ces chapitres. C'est tout à fait possible – après tout, nous sommes des créatures complexes ! N'ayez pas peur d'expérimenter tous les aspects de la TDR. Par exemple, si vous avez envie d'explorer votre rapport à vous-même, vous en trouverez l'exercice p. 128, dans le chapitre consacré aux relations.

L'étape suivante consiste à décider de quelle manière vous aimeriez pratiquer la TDR : préférez-vous courir seul(e), ou travailler avec un(e) partenaire ? Si vous n'en êtes pas sûr(e), les deux prochains chapitres vous aideront à décider quelle approche vous convient le mieux. Quand vous aurez pris votre décision, vous serez en mesure de démarrer, en commençant par les techniques d'enracinement, avant d'effectuer les exercices proprement dits. Ce livre vous propose aussi des pages vierges où noter vos réflexions après chaque séance de jogging. Vous constaterez que coucher vos réflexions et sensations sur le papier peut être un formidable moyen de vous accompagner tout au long du processus. Surtout, prenez votre temps et faites preuve de patience envers vous-même, tout au long de votre parcours. Bonne chance !

LE PARCOURS

« Si vous voyez votre chemin tout tracé pas à pas
devant vous, vous savez que ce n'est pas le vôtre.
Votre chemin, vous le tracez
à chaque pas que vous accomplissez.
C'est pour cela que c'est le vôtre. »
Joseph Campbell

UNE ÉTAPE À LA FOIS

La thérapie dynamique par le running n'est ni compliquée ni particulièrement exigeante. Il s'agit plutôt d'apprendre deux techniques simples mais puissantes, et de se lancer dans l'exploration de la personne que vous êtes. Comme dans la plupart des parcours, l'important est de mettre un pied devant l'autre, et de persévérer. Essayez de vous exercer à prendre conscience de votre parcours tout en continuant d'avancer – cela suppose d'avoir conscience de la perception que vous avez de vous-même, au fur et à mesure du parcours. En ayant conscience de votre progression dans ce périple, vous vous donnez l'occasion de cultiver une relation plus compassionnelle, plus aimable et plus compréhensive avec vous-même. Souvenez-vous, vous n'opérez aucun changement actif, vous remarquez simplement le ton de votre dialogue intérieur et vous accueillez tout ce que vous y trouvez avec une patience consentante, en laissant les choses s'écouler naturellement.

Souvent, dans le monde hyperactif et hyperstimulé qui est le nôtre, nous traitons la relation que nous entretenons avec nous-mêmes comme une préoccupation secondaire, une réflexion qu'on pourra mener « après coup », à une date ultérieure. Nous nous disons souvent que nous trouverons le temps de ralentir – demain –, d'adapter notre alimentation – la semaine prochaine – ou de travailler sur notre estime de soi – le mois prochain. En conséquence, nos relations en souffrent, car nous sommes moins en lien avec elles, et plus largement avec le monde qui nous entoure. Quand nous prenons conscience de nous-mêmes, nous sommes en revanche plus enclins à aller vers les autres, et par conséquent à apprécier la vie.

Cela paraît simple. C'est simple. Mais cela nécessite un peu de discipline et d'engagement. Dans sa conférence organisée par le groupe TED, l'écrivaine Elizabeth Gilbert, l'auteure de *Mange, prie, aime*, parle de sa relation avec son inspiration créatrice : « Je ne suis pas un pipeline, je suis une fourmi », dit-elle. Pour elle, la créativité est le fruit d'un travail acharné et d'une détermination, et non d'une simple faculté de se rendre disponible. Former une relation avec soi-même est un acte créateur qui requiert d'avoir le sens du jeu et de l'expérimentation et, peut-être, avant tout, celui de l'engagement et du travail. Nous ne pouvons rester assis à attendre que le monde se présente tous les matins à notre porte en nous livrant un divin programme de la journée.

Pour embrasser pleinement la vie et atteindre nos objectifs, nous devons accomplir ces démarches anticipatrices, qui nous en rapprochent. Parfois, nos expérimentations échoueront, mais tout cela fait partie du processus d'apprentissage, car il est aussi important d'échouer, ne serait-ce que pour nous rappeler que nous avons essayé.

Parfois, vous vous heurterez à une impasse, qu'elle soit physique, mentale ou émotionnelle, mais ce n'est pas grave ; tenez-vous-en à votre parcours et vous finirez par atteindre la ligne d'arrivée. Le voyage ne s'achèvera peut-être pas là où vous le pensiez, et toucher au but risque de prendre plus temps que vous ne l'imaginiez, mais la persévérance paiera.

Jusqu'à présent, si vous avez mené un combat frontal contre vos problèmes et votre sentiment d'insécurité, vous n'êtes pas seul. La vie est un flux constant de bouleversements, de victoires et de défaites, d'amour et de trahison, de naissance et de mort. La thérapie dynamique par le running vous aidera à aborder et à aimer vos combats et vos triomphes en vous procurant l'espace et le temps nécessaires pour faire à nouveau connaissance avec la personne que vous êtes vraiment.

Ce processus ne vous apportera ni la paix ni la vie éternelle. Il vous offrira en revanche un moyen d'apprendre à mieux vous accepter tel que vous êtes, au travers de ce qui vous est déjà arrivé et de ce qui vous arrivera dans le futur. Il vous aidera à évaluer ce qui est réel pour vous dans l'ici et le maintenant, et non les histoires que vous pouvez vous raconter. Il vous aidera à cesser de penser à ce qui s'est produit dans le passé ou à ce qui serait susceptible d'arriver dans l'avenir, pour vous rendre sensible à ce qui se passe dans le présent.

L'acceptation de soi s'affine avec la pratique. L'un de mes clients avait perdu son entreprise, son épouse et sa mère, tout cela la même année. Pour lui, cette situation confirmait l'idée selon laquelle rien de ce qu'il touchait ou aimait ne pouvait durer, et il était convaincu que sa vulnérabilité apparaissait aussi clairement aux autres qu'à lui-même. Au fil des séances, il a découvert qu'une négligence constante de la part de sa mère, durant son enfance, était à la racine de cette négligence de soi où il s'enferrait à son tour. Ce fut une révélation, comme une lampe qu'on allume, et qui l'éclaira sur la nécessité de prendre soin de lui.

Il faut s'armer de courage pour s'éveiller à soi-même. Ne pas se trouver véritablement en paix avec celui ou celle que vous êtes peut conduire à une vie entière d'angoisse ; mais une fois que vous cessez de vous abuser, vous faites des découvertes rafraîchissantes. Si votre « vérité » n'est que fantasme, un tel évitement de soi ne peut mener ni à la sécurité ni au bonheur. Vous pouvez vous raconter que vous êtes heureux dans votre couple ou que la « carrière de rêve » que vous avez mis tant d'années à construire se déroule au mieux, mais si ces affirmations sont fausses, elles rongent tout sentiment de bien-être de l'intérieur. Le monde réel, en face de vous, est en réalité souvent un lieu bien plus simple à habiter que celui que se crée votre esprit embrouillé.

Si vous devez vous lancer dans le périple de la TDR, le meilleur conseil que je puisse vous donner sera de vous immerger dans cette expérience en y mettant tout votre cœur. Engagez-vous sur la voie qui s'ouvre devant vous. Élancez-vous et ne vous arrêtez plus. Si les premiers pas sont modestes, continuez, jusqu'à ce que vous enchaîniez de longues foulées, en toute confiance. Soyez pour vous-même un guide aimable et bienveillant. Si vous trébuchez, prenez le temps de vous ressaisir, mais ne vous arrêtez pas. Imaginez que vous coachiez un bon ami ou un être aimé, et traitez-vous comme vous les traiteriez dans votre situation. Les meilleurs coaches sont patients, compréhensifs, indulgents et sont une source d'inspiration. Soyez votre propre coach, dites-vous quelques mots pour vous motiver, comme ces encouragements d'avant-match, et acclamez-vous depuis la ligne de touche.

Un bon coach enseigne aussi l'importance de la discipline et de l'apprentissage. La TDR vous demande d'apprendre de vous-même en avançant – d'intégrer et d'enregistrer votre parcours, y compris vos imperfections. Apprendre à bien se coacher suppose de se ressaisir après une chute. Essayez de percevoir chaque autocritique comme une chance de grandir. Évaluez ces moments pour ce qu'ils sont, c'est-à-dire de fréquentes occasions de s'améliorer afin de mieux s'aimer et s'accepter. Ce n'est pas très compliqué et cela devient très vite une seconde nature, si l'on pratique souvent. Chaque fois que vous remplacerez la récrimination contre soi par l'acceptation de soi et que vous vous en tiendrez à cette pratique, cela représentera déjà une victoire. Vous célébrerez la personne que vous êtes, avec tous ses défauts. Vous constaterez aussi combien votre vie sera plus simple, car remarquer ce qui passe en vous et laisser couler réclame moins d'effort que d'analyser les choses dans le détail et de se punir.

En réalité, dans la TDR, ce qui compte, c'est le parcours et non la destination, alors soyez patient et allez de l'avant. Chaque pas que vous accomplissez est le vôtre. Il n'appartient qu'à vous. Ce qui remplit une vie entière de sens, c'est votre relation avec chaque moment, et non le lieu où ce chemin vous mène.

Ayez à l'esprit les propos d'une célèbre enseignante du bouddhisme, Pema Chödrön, inspirés des slogans du Bodhicitta d'Atisha :

> « N'essayez pas d'être le plus rapide.
> Abandonnez tout espoir de réalisation.
> N'attendez pas d'applaudissements. »

Enfin, soyez prêt à lutter contre certaines vérités difficiles à reconnaître, mais tellement libératrices. La peur et la honte peuvent émerger en chemin. L'une et l'autre vont souvent de pair avec les facettes les plus épineuses de ce que nous sommes, ces aspects que nous avons consacré une vie entière à renier. Essayez de ne laisser ni les unes ni les autres prendre l'ascendant sur vous. Ce n'est pas une tâche facile. Reconnaissez-les et endossez-les comme une partie de votre parcours, et continuez d'avancer. La peur et la honte sont une forme de « blocage », une manière de s'enliser dans une conception trop exigeante et trop étroite de nous-mêmes. Soyez attentif, laissez-les s'en aller aussi facilement qu'elles sont venues. Souvenez-vous, vous n'êtes pas vos pensées.

LE BON PIED

Partir du bon pied est important. Tâchez d'oublier les attentes relatives à vous-même et à la TDR. Essayez de venir à chaque séance avec une attitude de découverte plutôt que de planification. C'est ce qu'on appelle parfois l'« esprit du débutant », parce que cela nous affranchit de l'étroit chemin d'une pensée chronologique, ancrée dans le passé, et nous ouvre des perspectives nouvelles sur notre existence. J'emploie souvent une analogie que j'aime bien sur ce que nous pensons être, par opposition à ce que nous sommes :

Je vous emmène chez un marchand de glaces qui vend cent parfums différents et je vous suggère de dresser la liste de ceux qui vous plaisent le plus. Chocolat ? Cookies à la crème ? Vanille (le parfum qui plaît à presque tout le monde) ? Fraise ? Vous avez droit à cinq, dix, même vingt parfums différents. Et pourtant, si vous en aviez essayé d'autres, vous en auriez sûrement découvert qui seraient tout à fait à votre goût. Ce que je veux dire par là, c'est que nous sommes des êtres bien plus divers que nous ne le pensons, mais que découvrir une part inexplorée de nous-mêmes requiert une attitude d'ouverture.

Si vous entretenez des idées négatives sur vous-même, commencez le processus de TDR en vous considérant d'un œil plus indulgent. Certaines de ces idées vous ont été mises dans le crâne quand vous étiez enfant, et d'autres vous sont venues de vos expériences d'adulte. Mais elles sont rarement aussi figées que vous le pensez. Soyez disposé à la découverte, à l'expérimentation et, avant tout, venez avec l'état d'esprit du débutant.

LA PROCÉDURE

La thérapie dynamique par le running implique trois étapes simples. La première est l'enracinement, un processus de pleine conscience fondé sur votre « perception » de vous-même et de votre environnement. Cela vous confère présence et calme, vous aide à vous préparer en vue de l'étape suivante. La deuxième étape est celle où, en position assise, en marchant ou en courant, vous vous posez la question ou vous fixez le but de votre choix. La dernière étape consiste en un moment de réflexion sur cette pratique, sous la forme d'un exercice de prise de notes, qui vous donnera l'occasion de réfléchir à ce que cette session vous a apporté. Ces notes auront de l'importance plus tard. Remarque : vous serez surpris de ce que cette méthode réussit à remuer, mais consignez tout cela avec soin, sans rien retrancher, afin de mesurer les grands changements survenus en vous.

PREMIÈRE ÉTAPE : L'ENRACINEMENT

Commencez chaque séance par un processus d'enracinement en quatre étapes. Cet enracinement s'inspire de la thérapie cognitive comportementale (TCC) et de la méditation de pleine conscience. C'est un bon moyen pour se détendre avant de pratiquer la TDR. Dans nos existences souvent surchargées, au milieu de tout ce bruit, nous centrer sur nous-mêmes peut prendre du temps. C'est pourquoi ces quatre stades pour atteindre la pleine conscience sont essentiels si vous voulez démarrer vos entraînements du bon pied. Grâce à cet exercice, vous allez pouvoir vous connecter au présent.

1. Le scan corporel

Choisissez un endroit où vous vous sentez à l'aise – ce peut être chez vous, assis sur un banc dans un parc ou sur une plage – et où vous trouverez la tranquillité. (Si vous préférez, et si cela vous semble plus confortable, allongez-vous, en trouvant un coin de pelouse au calme.) Le rôle du scan corporel consiste à vous localiser à l'intérieur de votre corps, dans le présent. Un trop grand nombre d'entre nous se laissent entraîner dans le passé ou s'inquiètent de l'avenir. Ce scan, depuis le sommet du crâne jusqu'à l'extrémité de vos orteils, est idéal pour rehausser le niveau de conscience de soi et engager la séance. Décroisez les jambes et les bras (vous pouvez cependant vous asseoir en tailleur), prenez deux profondes inspirations et détendez-vous.

Attachez-vous à ressentir votre corps quand vous êtes assis dans l'herbe ou sur un banc. Laissez-le s'installer complètement sur le siège ou sur le sol. Repérez les points de contact, les sensations qu'ils vous procurent. Prenez encore deux grandes inspirations et, à nouveau, en sentant le poids de votre corps, prenez conscience de vos mouvements à chaque respiration. Laissez-vous aller et relâchez-vous : laissez retomber les épaules, sentez votre tête se relever lentement, etc. Souvenez-vous : vous n'essayez pas d'atteindre un état de relaxation. Vous concentrez simplement votre attention sur différentes parties de votre corps, ainsi vous prenez conscience des sensations que vous y découvrez, avec le plus de détails possible. N'essayez pas de les juger ou de les modifier, tâchez simplement de vivre cette expérience du mieux que vous pouvez. Et retenez bien ceci : il n'y a pas de bonne ou de mauvaise manière de procéder. Peu importe que l'expérience soit agréable ou non, que les sensations soient fortes ou à peine discernables, ou que vous ayez du mal à tenir la position. Tout cela fait partie de l'exercice, et nous nous contentons de les *remarquer*.

Puis, en partant du sommet du crâne, prenez conscience de votre corps, de la tête aux orteils. En descendant petit à petit, essayez de percevoir chaque partie du corps l'une après l'autre, en repérant au fur et à mesure toutes les sensations qui naissent en vous. Avec curiosité et bienveillance envers vous-même, prenez conscience de la relaxation de telle ou telle partie de votre corps, ou encore si celle-ci est chaude ou froide. Quelle impression vous fait le contact avec cette surface ferme au-dessous de vous ? Sentez-vous le tissu de vos vêtements contre votre peau ? Attardez-vous sur votre front, votre nez, vos lèvres supérieure et inférieure, votre menton, la naissance du menton

– sur chaque centimètre de votre corps. À certains endroits, vous n'enregistrerez peut-être aucune sensation ; ce n'est pas gênant. Si vous décelez la moindre tension, tâchez de l'évacuer en respirant doucement, et relevez les perceptions particulières que cela vous inspire. À chaque respiration, avez-vous l'impression que ces sensations se modifient et que vos tensions s'éloignent ?

Continuez de descendre, du cou aux épaules, à la poitrine, aux bras, aux avant-bras, et à l'extrémité de chaque doigt. N'essayez pas de modifier vos sensations de façon volontaire ou d'émettre un jugement. Bornez-vous à vos perceptions, et c'est tout. Passez ensuite à l'entrejambe, aux cuisses, et descendez enfin le long des jambes. Terminez par le gros orteil ou par le petit.

Tout au long de ce processus, vous percevrez le flux et le reflux de vos pensées. Identifiez-les et laissez-les s'écouler… L'objectif est de rester dans votre corps et dans le moment présent. Laissez vos pensées aller et venir, et revenez une fois encore à votre exercice et à vos sensations corporelles.

2. Le scan environnemental

Tournez maintenant votre attention vers l'ensemble de votre corps et l'environnement où vous vous trouvez. Regardez autour de vous, scannez lentement ce qui vous entoure, relevez tout ce que perçoivent vos sens. Que sentez-vous ? Est-ce proche de vous ? Que voyez-vous droit devant vous ? Quel est le point le plus éloigné où votre regard peut porter, à l'horizon ? Quel est l'objet le plus vert ou le plus éclatant ? Quels sont les éléments les plus nombreux ? Qu'avez-vous manqué au premier regard ? Écoutez… Qu'entendez-vous ? Combien de sons différents discernez-vous ? Quels sont les plus proches et les plus éloignés ? Quels sont les plus aigus et les plus graves ? Maintenant, touchez le banc sur lequel vous êtes assis, ou tâtez l'herbe autour de vous… Ce banc est-il dur ? Mou ? Chaud ? Froid ? Et l'herbe picote-t-elle ?

Comme lors du scan corporel, l'objectif est d'être présent, de simplement se « rendre compte ». Vous n'avez pas l'obligation de tout remarquer, ou de tout percevoir parfaitement. Imprégnez-vous de ce dont vous aurez pris conscience, avant de passer à la suite. Ne faites qu'un avec ces sons et ces sensations mouvantes de vous-même, à l'endroit où vous êtes.

3. Le scan émotionnel

Dans le même esprit que les deux étapes précédentes, contentez-vous ici de remarquer ce que vous ressentez, dans l'instant, sur le plan émotionnel. Ni cette semaine, ni aujourd'hui, ni ce matin ; la question est de savoir ce que vous ressentez *à l'instant même*. En vous concentrant sur le moment présent, vous apprenez à ne pas confondre ce que vous *avez ressenti* avec ce que vous *ressentez*. Cela peut sembler évident, mais souvent un examen plus attentif révèle qu'un subtil glissement de sensations, dont nous n'avions pas conscience, a bien eu lieu. Peut-être éprouvez-vous plusieurs de ces sensations simultanément, ce qui peut être perturbant – vous n'avez pas à les identifier, mais simplement à en prendre conscience. L'important n'est pas de juger si elles sont agréables ou désagréables, mais d'enregistrer leur présence.

4. Se préparer

Au quatrième et dernier stade du processus d'enracinement, vous réfléchirez à ce que vous attendez de cette séance. Choisissez une question qui vous semble pertinente dans la liste du chapitre de votre choix, ou expérimentez vos propres questions, selon ce qui vous paraît le plus adapté à ce moment-là. Quand vous vous mettrez en route pour votre marche ou votre jogging, vous vous focaliserez sur cette question.

Une fois le thème de la séance choisi, dès que vous vous lancerez, vous pourrez matérialiser ou transmettre une sensation de mouvement au thème retenu, ce qui vous aidera à l'explorer. À mesure que vous avancerez, vous allez amorcer le flux de votre histoire ou de vos sensations. Chaque pas vous donnera l'impression de vous pousser plus avant, vous insufflant ainsi une impression de maîtrise et d'élan. Cette faculté d'aborder vos difficultés à un niveau corporel, d'entrer de plain-pied dans votre vie et vos sensations, c'est ce qui fait de la TDR un outil de développement et de changement si puissant.

Si vous prévoyez de courir seul, vous pourrez même avoir envie de formuler à haute voix le thème retenu pour votre jogging du jour. Par exemple : « D'où vient l'essentiel de mon anxiété ? » Cerner un thème central, et le formuler à voix haute, cela peut constituer un bon moyen d'action, qui vous procure un sentiment de maîtrise, de but à atteindre.

Si aucune idée de thème de running ne vous vient, rien ne vous interdit de rester simplement assis là ou de vous mettre à bouger – n'oubliez jamais que ce choix vous appartient. Prenez le temps de réfléchir à votre envie réflexe. Vous avez tout à fait le droit de ne rien faire, de ne rien savoir, de vous contenter d'être. Vous rendre compte que vous ne savez pas ce que vous voulez faire, c'est aussi une forme de connaissance. Vous pouvez profiter du temps de cette séance comme vous le souhaitez. Essayez de ne pas vous soumettre à vos attentes ou à celles des autres, et de choisir ce dont vous avez envie.

DEUXIÈME ÉTAPE : BOUGER AVEC UNE INTENTION

Le mouvement en pleine conscience, c'est simple. Cela suppose d'enregistrer ce qui survient sur votre parcours, sans juger. De percevoir, d'enregistrer et d'avancer. Si vous décidez qu'aujourd'hui, vous avez envie de courir en vous posant une question, le processus est le même.

Tenez-vous-en à la question du jour, sans forcer. Laissez-la vous envelopper. Cette question, c'est une suggestion d'entame de séance. C'est en quelque sorte la semence d'une exploration, davantage qu'une feuille de route. Si vous déviez vers d'autres sujets ou préoccupations, cela ne soulève aucun problème. En revanche, ayez toujours conscience de votre manière d'être avec vous-même, et posez sur vous-même un regard bienveillant. Si vous vous engagez dans ce processus avec patience, et sans trop d'exigence, l'acceptation de soi s'ensuivra. Si vous décelez en vous un dialogue intérieur négatif, prenez-le en compte, et poursuivez. Avec le temps, vous vous familiariserez avec ces pensées et pourrez y réagir en vous disant simplement : « Voilà que je recommence. » Laissez-les suivre leur cours.

Il n'y a pas de bonne ou de mauvaise façon de se lancer dans la TDR. Essayez donc avant tout de surmonter cette inquiétude, car elle est inutile. Et puis, vous êtes faillible ! Il est crucial de le reconnaître, de manière à ce que chaque fois que ces idées de « mieux faire » naissent en vous, vous les laissiez passer. Accordez-vous une chance de procéder à votre manière – autrement dit, en vous respectant et en vous faisant confiance – avec vos erreurs et le reste. Il y aura des moments douloureux et des moments ennuyeux. Apprenez à respecter ces moments – comme votre paresse et votre peur, ce sont des parties importantes de votre parcours. Essayez d'accepter le fait que vous échouerez souvent. Nous sommes des créatures imparfaites, notre imperfection fait partie de nous et il nous faut lui faire honneur. Alors, soyez patient, c'est le plus beau cadeau que vous puissiez vous offrir, et agissez avec générosité !

Abordez ces questions dans l'ordre que vous voulez. Travaillez-les autant de fois que vous voudrez. Abordez-en une ou plusieurs par séance, si cela vous semble juste. Si d'autres questions vous semblent importantes, ajoutez-les à la liste. Fiez-vous à votre instinct.

TROISIÈME ÉTAPE : PRENDRE DES NOTES

La prise de notes est un outil très précieux. On appelle aussi cela « tenir un journal ». Cette étape vous permet de vous connaître en profondeur. Coucher sur le papier ce qui vous est venu pendant votre séance et vos réflexions à ce sujet vous libère, car vous n'avez plus à conserver tout cela dans votre tête et dans votre cœur. Quand vous vous sentez submergé, il peut être extrêmement utile de savoir que vous avez un endroit où « ranger » ces sentiments-là. Votre journal peut aussi être un compagnon régulier vers lequel vous pouvez vous tourner chaque fois que vous en éprouvez le besoin. En trouvant votre voix grâce à l'écriture, vous pourrez ainsi puiser de la force rien qu'en l'ouvrant. Vos notes serviront également de trace de votre parcours, et se révéleront plus tard essentielles pour terminer votre TDR.

Dans ce livre, vous trouverez des pages où consigner les pensées et les sensations importantes à vos yeux. Mais aussi celles qui n'ont aucune importance. Si vous avez quelque chose à dire, écrivez-le, sans rien filtrer pour d'abord en vérifier la validité. Essayez de ne rien corriger en écrivant ; laissez plutôt les mots couler. Consigner vos impressions et vos sensations vous servira de canevas pour la sorte de relation aimante et attentive envers vous-même qui est au cœur du bien-être émotionnel. Au début, soyez patient. Prenez tout le temps qu'il vous faut…

Ayez conscience de votre rapport à vous-même quand vous écrivez. Êtes-vous exigeant, espérez-vous la perfection, ou vous poussez-vous pour atteindre rapidement votre objectif ?

Savez-vous vous montrer compréhensif, plein de compassion ? Songez au ton sur lequel vous vous adresseriez à un être cher – peut être très différent du ton que vous adopteriez pour vous adresser à vous-même. Cela peut vous aider de consacrer une heure précise, tous les jours, ou après chaque séance, à prendre des notes. Consigner vos émotions et vos pensées revêt aussi parfois une dimension très cathartique, en particulier si vous traversez une période difficile. En un sens, le processus d'écriture vous aide à en décharger votre esprit.

Écrivez tout ce qui vous passe par la tête : vos pensées, la météo, le terrain que vous avez couvert, les gens que vous avez croisés ou avec qui vous avez couru, vos sensations physiques et les changements survenus par rapport à tous ces éléments. Vous pouvez le faire dans ce livre, dans votre journal ou même sur votre téléphone si vous préférez.

Comme l'a écrit Carl Jung, « tout ce à quoi l'on résiste, persiste ». Alors, au lieu de résister, essayez plutôt d'accepter vos doutes et vos peurs. Ensuite, notez-les. Familiarisez-vous avec ces pensées comme si elles étaient de vieilles amies. Ne vous inquiétez pas de la qualité de vos écrits. Il se peut que votre orthographe soit approximative ; si tel est le cas, il vaut mieux reconnaître ce défaut plutôt que de le refouler, et réfléchir à l'importance du crime que constitue votre orthographe médiocre, resitué dans un contexte plus large : ce n'est pas aussi grave que vous l'imaginiez ! Nombre d'intellectuels étaient très mauvais en orthographe. Vos attentes envers vous-même sont-elles trop irréalistes ? Si vous vous accusez d'autres maux, passez-les au même filtre.

Enregistrez votre expérience, essayez d'en garder une trace et voyez en quoi cela modifie votre perception de votre malaise. Familiarisez-vous avec le ton intérieur et l'attitude que vous adoptez quand vous réfléchissez et écrivez. Demandez-vous : « Suis-je doux et patient avec moi-même, ou trop péremptoire et trop dur ? » Le but est d'identifier votre critique intérieur et de vous en faire un ami. Cela viendra grâce à une pratique régulière.

Créer son mantra

En évoluant dans ce processus, vous aurez peut-être envie de trouver votre propre mantra. En des termes simples, un mantra est un son ou un groupe de mots qui possède un pouvoir psychologique ou spirituel. En sanskrit, cela désigne une pensée protectrice. En vous exerçant à la TDR, vous constaterez que certaines idées, conceptions ou phrases porteuses d'une résonance personnelle émergent peu à peu. Coucher ces mots par écrit pourrait vous permettre de clarifier une pensée, de révéler une idée vraiment utile à laquelle vous pourriez vous référer ensuite en cas de besoin. Peut-être avez-vous lu quelques phrases dans un livre ou entendu des propos à la radio qui faisaient sens pour vous ? Restez ouvert à de tels cadeaux ; ils ne surgissent pas sans raison. Comme le disait le poète soufi Rûmi : « Ce que vous cherchez vous cherche. » Si vous tombez sur un tel mantra, appropriez-le-vous et réutilisez-le. Ce pourrait être une phrase comme « je sais que j'ai fait du mieux que je pouvais » ou « j'ai besoin de savoir quand m'arrêter ». Ce sera très certainement une formule que vous aurez toute latitude d'appliquer quand vous en ressentirez le besoin. Si elle vous vient spontanément, demandez-vous ce qui vous serait réellement utile d'entendre en pareil scénario. Depuis toutes ces années, j'ai eu de nombreux mantras différents. L'un des plus précieux était celui-ci : « Suivez vos sensations, pas vos pensées. » Chaque fois que j'en avais besoin, cette phrase m'a rappelé qu'il faut accepter les sensations désagréables plutôt que d'essayer de les rejeter par la pensée ou l'argumentation. Au bout du compte, elle m'a aidé à m'accepter tel que je suis, et non tel que je me devais d'être. Vous ne trouverez sûrement pas votre mantra tout de suite, alors ne vous inquiétez pas, et soyez patient avec vous-même.

TERMINER

Approfondissez les questions qui résonnent en vous. Si nécessaire, revenez sur toutes celles qui vous semblent être restées en suspens. Prenez des notes. Courez avec celles qui vous viennent à l'esprit.

Tout cela prendra du temps. Soyez patient. Rien ne presse. Laissez libre cours au flux de l'expérience, jusqu'à ce qu'il devienne organique – cela signifie qu'il faut s'autoriser des moments où vous avez l'impression qu'il ne se produit pas grand-chose. Quand vous sentez que vous avez suffisamment exploré ces questions, ou que vous en avez peut-être fini avec elles, rappelez-vous pourquoi vous vous êtes engagé dans cet itinéraire. Votre objectif a-t-il été atteint ? Relisez vos notes de séances, si cela peut vous aider. En les parcourant, demandez-vous si elles suscitent en vous l'envie d'explorer d'autres sujets – si tel est le cas, la prochaine fois, courez avec ces nouveaux thèmes – ou questions – en tête.

C'est un processus intuitif. Si vous vous sentez beaucoup mieux qu'au début, c'est que vous êtes arrivé au terme du parcours ou que vous en êtes proche. Sinon, essayez de recommencer tout ou partie du processus. Au bout du compte, une conscience accrue de ce qui se passe en vous aura constitué l'un des aspects les plus importants de ce parcours.

COMPTE-RENDU FINAL

La thérapie dynamique par le running s'achève sur un rituel important : le compte-rendu. En vous reportant à vos notes d'origine et en résumant le voyage que vous avez accompli, vous pourrez percevoir le début, le milieu et la fin du périple que vous avez entrepris. Relire vos notes peut être aussi révélateur.

Pour la rédaction de ce compte-rendu, vous remarquerez les impressions que la lecture de chaque entrée de ce journal fait naître. Que se passait-il pour vous à cette période et que tentiez-vous réellement de dire ? Prenez note de ce qui vous semble important. Voyez si vous parvenez à identifier un thème ou un fil narratif inhérent à votre parcours. Vous pourriez même avoir envie d'écrire votre compte-rendu sous la forme d'un récit, qui serait relatif à votre passé et à votre présent, et dessinerait les contours de ce que vous souhaitez pour la avenir. Prenez conscience de votre manière d'écrire : abordez-vous l'écriture en étant plein d'attentes ? Qu'espérez-vous de cet exercice ? Songez-y un moment.

Cette dernière étape, qui consiste à faire le point sur ce que vous venez de vivre, vous aide à marquer la fin de votre traversée. Le temps que réclame ce processus importe peu, pas plus que la longueur du compte-rendu. C'est chaque fois un processus subjectif et intime. Certains épisodes contiendront une part plus importante du passé, d'autres davantage du futur, d'autres encore essentiellement du présent. Il n'y a ni bonne ni mauvaise manière d'écrire ce compte-rendu. Commencez-le, tout simplement, et voyez où il vous mène. Quand il aura suffisamment mûri pour répondre à vos besoins, vous le saurez. Peut-être y reviendrez-vous à plusieurs reprises. L'essentiel est que ces mots rendent compte de votre expérience – ce qui signifie que ce texte doit livrer un aperçu exhaustif de votre trajectoire. Qu'il s'agisse du parcours de votre vie ou celui de votre TDR, cela ne dépend que de vous.

Ce texte peut même revêtir la forme d'un poème ! Rien n'empêche que cela inclue la chose la plus importante que vous ayez apprise en chemin ou un secret que vous n'avez jamais osé reconnaître, ni en vous-même ni vis-à-vis des autres. Il peut s'agir d'un récit de rédemption ou d'une parabole autour des notions de développement et de croissance. Ce cheminement vous appartient, à vous et à vous seul. Faites-lui honneur, nourrissez-le. Soyez fier de votre engagement dans la voie que vous avez parcourue. Écrivez avec la même honnêteté et le même courage que lorsque vous vous êtes lancé dans votre TDR.

Atteindre un état de flux

« C'est quand nous agissons librement, pour l'action en soi, et non pour des motifs ultérieurs, que nous apprenons à devenir davantage que ce que nous sommes. »

Mihály Csíkszentmihályi

Le concept de flux a été développé par le psychologue Mihály Csíkszentmihályi. Celui-ci décrit un état de complète absorption dans l'activité que l'on entreprend. C'est un état où le temps ne compte plus, et où le reste du monde semble avoir disparu. En un sens, ce que vous faites vous paraît relever d'une seconde nature et comme étant épanouissant. Dans la TDR, le flux se déploie à plusieurs niveaux, qui s'alimentent les uns les autres, créant une boucle puissante.

Le premier de ces niveaux est atteint grâce à l'exercice proprement dit – courir produit des endorphines qui allègent l'humeur et élèvent la pensée. On appelle souvent cela « l'ivresse du coureur ». Si vous courez avec un compagnon, ce flux est aussi activé par la boucle d'ocytocine qui se crée grâce au partage, à la confiance et à l'attention que l'on accorde à l'autre tout au long de la TDR. L'ocytocine est une hormone fortement euphorisante, que l'on appelle parfois « l'hormone de l'amour », en raison de son rôle dans le lien social et la reproduction sexuelle.

Le flux se génère aussi à travers le rituel du récit. Il est souvent magnifié quand il est combiné avec le mouvement. On en trouve des exemples dans les « déambulations », ces pèlerinages religieux des aborigènes australiens, et dans la pratique de la randonnée. Nous courons littéralement dans nos histoires, notre passé et notre présent. La plupart d'entre nous se sont familiarisés avec cette sensation très forte d'une dynamique intemporelle.

Pour nombre d'entre nous, le flux sera le moment préféré de cet exercice, et le plus prenant. Le cas échéant, l'envie vous viendra de vous habituer à ce processus, de vous accoutumer aux sensations qu'il provoque en vous. Une fois que vous vous y serez familiarisé, commencez à expérimenter. Accélérez ou ralentissez le rythme. Quand vous vous sentirez emporté dans votre élan, essayez de vous prêter à l'expérience. L'état de flux peut se révéler profondément cathartique, et conduire à des avancées décisives.

Vous serez libre d'accéder à cet état de flux au cours d'une longue marche, en rêvant éveillé, allongé dans l'herbe, ou pendant un jogging qui vous laissera l'impression de pouvoir courir éternellement. Vous serez libre de rester silencieux ou de parler. Quoi qu'il en soit, savourez ces moments en vous reliant avec votre moi intérieur et votre environnement. Ayez conscience de l'endroit où vous êtes et de ce que vous faites, et n'ayez jamais peur de simplement vous arrêter et de prendre un moment pour vous immerger dans cette sensation.

À travers la TDR, le flux vous insuffle à la fois une sensation d'élan et de confiance en vous. Parfois, les efforts déployés pour mieux se connaître et s'accepter peuvent nous submerger – le flux nous rassure, sur les plans corporel et émotionnel, et il nous confirme que nous sommes sur la bonne voie. Alors, laissez-vous aller, et faites confiance à ce flux. Courez simplement avec lui.

UN ENVIRONNEMENT RÉPARATEUR

« Il nous faut le tonique de la nature inculte […].
Nous ne pouvons jamais avoir assez de la nature. »
Henry David Thoreau,
Walden ou La Vie dans les bois[1]

Le monde naturel est notre demeure naturelle. Cela peut sembler évident mais, pour beaucoup, c'est une vérité oubliée. Les gens vivent de plus en plus dans des pièces en béton, vissés à leurs écrans, très loin du monde naturel et de ses rythmes. Les retombées de cette vie déconnectée sont exacerbées par la superficialité du monde numérique qui compose notre seconde vie – tant de choses nous éloignent de l'univers nourrissant qui nous entoure ! Mais nous avons beau nous sentir coupés de tout, ou nous enfoncer loin dans notre propre obscurité, le soleil se lève toujours, porteur de toutes les possibilités de la journée qui nous attend.

Le lien inné que nous entretenons avec le monde naturel subsiste toujours en nous, en dépit de la force de notre sentiment d'éloignement. En l'espace d'un instant, on peut à nouveau le ressentir ; il suffit de sortir. Quand vous êtes-vous allongé dans l'herbe pour la dernière fois ? Quand avez-vous contemplé les vastes étendues

1. Henry David Thoreau, *Walden ou La Vie dans les bois*, Gallimard, 1990.

du ciel au-dessus de vous, à travers la voûte des arbres ? Dans son livre de 1984, *Biophilia*, le biologiste Edward O. Wilson propose l'hypothèse suivante : nous serions habités par une pulsion héréditaire de nous relier avec la nature. Ce chercheur croit y voir le résultat de l'évolution biologique, un reliquat d'une époque où ceux qui communiaient avec la nature survivaient plus longtemps que ceux qui s'en abstenaient. Cette prédisposition génétique à prospérer au grand air vit encore dans notre ADN aujourd'hui, et elle occupe une place centrale dans la philosophie de la TDR.

Dans votre pratique, faites usage du monde extérieur. La nature détient le pouvoir de nous guérir et de nous nourrir. Mais pour que cela se produise, nous devons passer du temps dans les parcs et les champs, sur les plages et dans les montagnes. Même dans la ville la plus industrialisée, la plus construite, on peut découvrir des poches où la nature s'épanouit. Délectez-vous de cette nature partout où vous la trouvez et, assez vite, vous en ressentirez les bienfaits pour votre corps et votre esprit, qui seront davantage en accord avec votre habitat naturel. Glenn Albrecht, professeur de soutenabilité à l'université Murdoch, en Australie-Occidentale, a forgé le terme d'« *eutierria* » pour décrire l'euphorie que nous éprouvons quand nous ne faisons plus la distinction entre nous-mêmes et notre environnement, et quand, pendant un moment, nous ne faisons plus qu'un avec la planète. L'aventurière et exploratrice suisse Sarah Marquis raconte un moment similaire qu'elle a vécu en ouvrant sa tente, un matin, dans le désert de Gobi : « J'étais le vent, j'étais le sable, j'ai perdu mon identité d'être humain, au plan charnel. Au-delà de ce point, vous ne vous distinguez plus de la nature. Nous ne comprenons plus la nature, mais c'est à elle que nous appartenons. »

La nature possède d'incroyables pouvoirs de guérison. Le psychologue environnementaliste Roger Ulrich a publié une étude révolutionnaire dans laquelle il expliquait que des patients qui, après une opération, se rétablissaient dans une chambre avec vue sur la nature avaient moins besoin d'antalgiques, souffraient plus rarement de complications et pouvaient sortir plus tôt que ceux dont la chambre donnait sur un mur de briques. S'agissant de la santé mentale et physique, les avancées de la recherche nous montrent régulièrement combien Dame Nature peut être réparatrice.

La bonne nouvelle, c'est que, pour rétablir cet équilibre naturel, une exposition au grand air, aisément accessible, est tout ce qui se révèle nécessaire. Il suffit de repérer un chemin qui s'enfonce à travers bois, un sommet montagneux, un parc, ou peut-être même votre jardin. Les Japonais appellent cette pratique, qui consiste à se promener dans la forêt pour guérir, le *shinrin-yoku*, ou « bain de forêt ». Parmi les bienfaits scientifiquement prouvés du *shinrin-yoku*, citons :

- un renforcement du système immunitaire ;
- une diminution de la pression sanguine ;
- une réduction du stress ;
- une meilleure humeur ;
- une plus grande faculté de concentration, même chez les enfants qui souffrent de troubles du déficit de l'attention avec ou sans hyperactivité (TDAH) ;

– une convalescence plus rapide après une opération ou une maladie ;
– une amélioration des rythmes du sommeil ;
– une intuition plus profonde et plus claire ;
– des niveaux et un flux d'énergie accrus ;
– une meilleure communication avec la terre et ses espèces.

Trouvez un endroit, n'importe où, et respirez. Pour vous y rendre, vous pouvez prendre un bus. Mieux encore, allez-y à pied. Ensuite, remarquez le monde autour de vous – humez-le et touchez-le. Asseyez-vous et écoutez-le. Accordez-vous un moment pour jouir du simple plaisir d'exister. Et prenez conscience que Dame Nature s'occupe de vous : elle travaille sur votre esprit et votre corps, elle ralentit votre rythme cardiaque, réduit vos niveaux de stress et votre pression sanguine. Vous bénéficierez de tous les bienfaits mentionnés plus haut durant le processus d'enracinement (p. 31) qui va de pair avec chaque jogging.

CHOISIR LE BON TERRAIN

« La nature ne se presse pas,
et pourtant tout est accompli. »
Lao Tseu

Choisir le bon paysage pour votre pratique, voilà qui est important, car cela suffit à rendre votre expérience plus intense et plus agréable. Mais comment saurez-vous ce qui vous convient le mieux ? Ma réponse est simple : chaque terrain est différent et vous offre des formes spécifiques de rétroaction. Une pente raide peut vous stopper net, susciter l'impression écrasante d'un effort vain. Partant de là, vous risquez de vous rendre compte à quel point vous êtes déprimé. À l'inverse, cela peut vous pousser à monter cette pente à toute vitesse, électrisé par une colère née d'une frustration profondément ancrée, face à une situation dont vous mesureriez enfin la gravité. Ne redoutez pas d'expérimenter, car cela vous permettra de découvrir ce qui vous fait le plus de bien.

Prenez l'exemple de Hyde Park, dans le centre de Londres. Ce parc au relief presque entièrement plat renferme un dédale d'itinéraires tellement variés que vous pourriez choisir chaque jour un parcours différent en fonction du défi que vous vous serez lancé. Certains jours, vous choisirez peut-être l'allée périphérique, qui entoure le parc – six kilomètres, un vrai défi. D'autres jours, vous préférerez un circuit autour du joli lac Serpentine, car il vous procurera le cadre réconfortant dont vous avez besoin à ce moment-là.

Quand vous vous sentez abattu, le simple fait d'accéder au parc est une victoire ; il est donc inutile de rendre les choses plus ardues en choisissant un itinéraire trop accidenté qui risque de vous rappeler le fardeau que vous ressentez déjà. Cela dit, pousser jusqu'au sommet de la colline vous permettra aussi d'en retirer une sensation d'accomplissement, créera en vous une impression de progresser que vous ne ressentiez guère auparavant.

Vous aurez peut-être envie d'accorder le monde extérieur avec votre monde intérieur. Pourquoi pas ? Mais la terre a beaucoup à nous enseigner – bien plus qu'on ne l'imagine. Et nous apprenons davantage d'un environnement défavorable que d'un autre qui nous paraît accueillant. Un paysage vallonné peut nous apprendre à lutter contre l'adversité. Courir le long d'une crête nous aidera le cas échéant à prendre du recul par rapport à notre histoire. Un jogging le long de la côte peut nous faire toucher du doigt le caractère intemporel de la vie. Emprunter plusieurs fois le même chemin suscitera une prise de conscience : vous serez troublé de constater que votre vie est devenue répétitive et cela vous incitera à la bousculer. Chaque environnement, chaque circonstance vous apportera un enseignement.

Soyez attentif à vos besoins et vos émotions. Voulez-vous sortir en pleine nature – avec un sentiment de liberté et de potentialité – ou préférez-vous vous entourer de la beauté et de la sérénité d'un parc ou d'un jardin botanique ? Si vous souffrez de la solitude, un endroit grouillant de touristes et d'enfants qui jouent vous réconfortera-t-il plus qu'un paysage dénudé ? Ou ce paysage austère vous procurera-t-il à la fois l'occasion d'adhérer pleinement à la nature solitaire de votre existence et de vous rendre compte qu'en réalité vous n'êtes jamais vraiment seul, puisque la terre est notre foyer ? Vous êtes le seul à savoir ce qui vous convient et ce que la terre peut vous apprendre. Mais pour que cela se produise, vous devez avoir conscience des sensations que l'environnement génère en vous, et vous en imprégner. C'est aussi un moyen parfait de pratiquer en pleine conscience de l'endroit que vous avez choisi, et ainsi vivre pleinement vos émotions dans le présent.

Les Japonais ont un mot pour désigner l'intervalle qui relie une chose à une autre : *ma*. Celui-ci cristallise toute la valeur propre au fait de remarquer ce qui est autour de nous et entre nous. En pleine nature, nous pouvons ressentir la dimension du monde et notre place en son sein, et tenter de percevoir le silence entre les sons.

Rappelez-vous : la TDR s'effectue avec autant de douceur et de lenteur que vous le souhaitez. C'est vous qui fixez l'allure. Si vous avez besoin de vous arrêter, arrêtez-vous ; si vous avez besoin de vous lâcher, lâchez-vous. Si vous vous exercez avec un partenaire, celui-ci devra intégrer ces choix et vous les renvoyer tel un miroir. Si vous courez seul, écoutez le paysage qui vous entoure et essayez de sentir son impact sur vous. Essayez d'enregistrer tout cela avec autant de précision que possible, sans juger ou interpréter vos sensations. Tout a une place, même les éléments les plus banals.

COURIR AVEC UN PARTENAIRE

« Ce qui compte dans les relations,
ce n'est pas de savoir quel regard vous avez l'un de l'autre,
mais simplement de savoir si ce regard existe. »
Eric Michael Leventhal

Il y a quelque chose de merveilleux à être seul dans la nature, mais courir avec un partenaire peut se révéler une expérience gratifiante et profonde. Faire du chemin avec quelqu'un qui vous observe permet d'ouvrir de nouvelles perspectives en vous, de vous voir d'un œil différent. Vous invitez quelqu'un à entendre votre histoire, vos espoirs et vos peurs, et à effectuer avec vous ce périple d'exploration de vous-même.

TROUVER LE BON PARTENAIRE

Trouver le bon partenaire relève d'un choix personnel, où l'instinct joue un rôle de taille. En effet, durant le processus de TDR, tous vos défauts remonteront à la surface, vous vous rendrez vulnérable devant l'autre. Cela peut s'avérer une expérience très forte. En choisissant votre partenaire, il importe donc de faire un choix réfléchi, lucide. Écoutez votre voix intérieure ; laissez-la vous guider dans vos décisions.

La sympathie peut paraître un critère bien étrange, mais trouver un partenaire que vous appréciez constitue la première étape pour faire équipe. Demandez-vous si la personne que vous envisagez de choisir vous inspire confiance ou serait digne de confiance – après tout, elle finira sans doute par apprendre des vérités très personnelles vous concernant. Dans un second temps, mettez-vous d'accord sur l'importance de la confidentialité.

Si vous choisissez quelqu'un que vous connaissez peu, essayez de vous rencontrer plusieurs fois au préalable, afin de faire plus amplement connaissance.

Il peut s'agir d'une personne qui fréquente votre salle de sport, d'un collègue de travail ou d'un bon ami. Si vous choisissez votre ami, il importe de saisir en quoi la TDR pourrait affecter votre relation.

L'âge et la forme physique de votre partenaire idéal sont affaire de bon sens : trouvez quelqu'un qui possède des aptitudes similaires aux vôtres et qui est en bonne santé. Pour cette raison, n'hésitez pas à vous enquérir en toute franchise du niveau de forme physique de votre partenaire potentiel. Vous devez être honnêtes l'un envers l'autre sur vos propres capacités, et évoquer les blessures ou les faiblesses dont vous pourriez souffrir, l'un comme l'autre. Demandez également à ce partenaire comment il réagirait si vous ne pouviez pas continuer votre séance de running du jour.

Enfin, vous avez intérêt à évoquer ce que vous attendez – ou redoutez – du partage de vos sensations. Après tout, les émotions sont quelque chose de tout à fait naturel et il conviendrait que vos séances se déroulent dans un environnement où vous pouvez être vous-même. Surtout, n'oubliez pas que vous êtes des compagnons dans ce périple – votre rôle n'est pas de vous soutenir ou de vous réconforter mutuellement, même si vous en avez très envie. L'un de vous deux parle, l'autre l'écoute. C'est tout.

ORGANISER LA PREMIÈRE SÉANCE

Vous devrez vous entendre avec votre partenaire sur un lieu qui vous convient à tous les deux. Vous souhaiterez peut-être aussi vous entendre sur la nature de la séance – marche ou course. Vous devrez décider qui sera le partenaire écoutant et qui sera le partenaire parlant. Il se peut que l'un de vous deux ait envie de marquer une pause et de cesser de parler une semaine ou deux, préférant le rôle de celui qui écoute. Ce sont les points où des désaccords risquent le plus vraisemblablement de surgir, alors soyez sincères dans vos espérances et vos attentes. N'acceptez pas d'arrangement qui vous semble injuste uniquement parce que vous souhaiteriez vous montrer correct ou poli avec l'autre.

Si, à un certain stade du processus, votre partenaire estime ne plus avoir besoin de ces séances ou souffre d'une blessure, ce peut être difficile pour vous. Conservez cette éventualité dans un coin de votre esprit. Votre partenaire est un compagnon de route, pas un protecteur.

Il est aussi conseillé d'établir d'emblée que ce partenariat durera jusqu'à ce que vous vous accordiez tous deux pour y mettre un terme. Cette relation doit être fondée sur le respect et la considération mutuels, et y mettre un terme constitue une part très importante du processus. Entendez-vous sur un premier programme d'une durée de deux semaines – à raison de deux fois par semaine, par exemple. Au terme de cette période, faites le point pour voir si elle vous a été utile et combien de temps la suivante durera. Ou alors vous conviendrez simplement d'une nouvelle série, suivie d'un nouvel examen. L'essentiel est de trouver un accord préalable avec votre partenaire.

D'après mon expérience, la première session est généralement très productive et acquiert une vie propre. L'excitation de « s'attaquer » à ce qui vous perturbe est à la fois revigorante et angoissante, et débouche souvent sur une forte dépense d'énergie et de paroles. Si vous êtes celui qui écoute, vous pourrez vous sentir honoré de vous entendre confier les vérités intimes de l'autre ; si vous êtes celui qui se livre, cela peut être un soulagement de décharger ce que vous avez sur le cœur. Une camaraderie surprenante se construit souvent lors de cette rencontre initiale.

COMMENT ÊTRE LE PARTENAIRE ÉCOUTANT

En règle générale, dans le rôle de l'écoutant, « moins » signifie « plus ». En clair, si vous avez un doute quant à l'utilité d'une éventuelle intervention, préférez ne rien dire. Si votre partenaire choisit de marquer une pause ou s'il bouge en silence, servez-vous de cette occasion pour être présent et silencieux. Prenez garde à votre envie de parler, à seule fin de combler le silence. N'ayez pas peur de ne pas savoir quoi dire à l'autre. Votre simple présence peut avoir des propriétés fortement thérapeutiques pour votre partenaire et pour vous-même. Souvenez-vous, vous n'avez pas besoin de sauver l'autre ou encore de le soigner, mais avant tout de lui tenir compagnie. Votre mission est simplement de l'accompagner.

Dans la thérapie dynamique par le running, être celui qui écoute requiert trois conditions essentielles. Elles sont simples, faciles à remplir et à retenir. Le but de l'écoutant est d'incarner ces trois conditions.

1. Écouter sans juger

Offrez à votre partenaire un endroit sûr où entamer ce partage, un endroit où il se sente libre d'explorer et d'accepter les facettes les moins nobles de lui-même, voire celles qui lui font honte. Il n'est pas nécessaire de manifester son approbation ou sa désapprobation, sa surprise ou son acquiescement. Soyez simplement présent.

2. Écouter avec empathie

Votre rôle est d'écouter véritablement ce que dit l'autre. Cela ne signifie pas que vous devez, sans y avoir été invité, échafauder des théories sur ce qu'il peut y avoir derrière les problèmes de votre partenaire ou encore proposer une solution adéquate aux difficultés qu'il rencontre. Cela suppose d'intégrer ce qu'on vous dit et de manifester de l'empathie, sans interprétation. Rien ne vous interdit de réagir en manifestant de la sympathie, mais restez mesuré, à moins d'être convaincu que cela répond à une envie de l'autre. L'idée est d'être présent, pas totalement en silence, mais presque. C'est au tour de l'autre de parler… le vôtre viendra.

3. Être présent

Durant ce moment que vous passez ensemble, soyez aussi présent et disponible que possible vis-à-vis de votre partenaire. Cela suppose d'entretenir avec lui une relation authentique, qui ne soit pas voilée par vos besoins personnels de paraître attentionné, intéressé, séduisant, intelligent ou brillant. Soyez fidèle à la personne que vous êtes *réellement* et laissez-vous guider par cette idée.

Si votre partenaire craque émotionnellement, il est important de savoir comment réagir. L'idéal est d'aborder cette éventualité avant de commencer, et de décider de l'attitude à adopter en pareille situation. Certaines personnes préfèrent continuer de courir, d'autres veulent s'arrêter un moment. Respectez l'indication de votre partenaire. Votre position par défaut est celle d'un compagnon – non celle d'un thérapeute, d'une mère, d'un père ou du meilleur ami. La colère et la tristesse sont des états naturels ; faites en sorte que ce soit pour votre partenaire un moment où il peut exister complètement, se laisser aller totalement. Selon mon expérience, la camaraderie qui naît du partage de cette activité émotionnelle crée un refuge où les mots ne sont pas nécessaires. Votre partenaire acceptera votre silence parce que vous avez entrepris toutes ces démarches avec lui, en l'assurant de votre bienveillance à son égard.

Ayez confiance dans la méthode de la TDR. L'ocytocine, l'« hormone de l'amour », générée par le partage de nos histoires respectives, joue un rôle important dans le lien social, car elle produit une impression d'apaisement et de proximité avec l'autre. Vous n'avez donc aucun besoin de faire quoi que ce soit ou d'être qui que ce soit d'autre que vous-même. Le processus fonctionne sans aucun apport supplémentaire de votre part. Souvenez-vous, quand un ami ou un collègue est stressé, la meilleure chose à faire consiste à simplement rester auprès de lui ; ne tentez pas de lui fournir des solutions. Signalez juste votre imprégnation de ce moment, par votre seule présence.

En revanche, vous pourrez prendre la parole au cours du processus d'enracinement. Cette sollicitation est optionnelle, mais elle peut se révéler à la fois apaisante et utile. Guidez votre partenaire dans chacune des quatre étapes du processus (voir pages 31 à 36). La formulation exacte que vous emploierez dépendra de vous – votre rôle sera simplement de lui rappeler chaque étape.

COMMENT ÊTRE LE PARTENAIRE PARLANT

Si vous recourez à l'un des exercices de TDR de ce livre, il est alors conseillé de courir en reprenant l'une des questions posées ici. Rien ne vous empêche d'avoir autre chose en tête, à moins que vous ne vouliez commencer une nouvelle session dans la continuité de la précédente. Parfois, vous aurez juste envie de vous lancer et de voir ce qui se présente à vous. D'autres fois, vous préférerez courir en silence. Si rien ne vous vient à l'esprit, restez simplement assis ou commencez votre marche ou votre course – le choix vous appartient toujours.

Au début du processus, vous aurez éventuellement envie d'avancer lentement. Vous avez le temps ! Apprenez d'abord à connaître votre partenaire, et voyez ce que vous vous sentez capable de lui confier en toute quiétude. Nous fantasmons trop souvent sur ce que pensent les autres de nous. Efforcez-vous de mettre tout cela de côté et soyez vous-même. Voici certains travers que vous devrez éviter :

N'essayez pas de paraître intelligent. L'intelligence n'a rien à voir avec l'expression des sentiments. En réalité, la plupart du temps, elle l'entrave. Soyez vous-même, soyez ouvert. Soyez convaincu que les autres vous accepteront tel que vous êtes.

N'essayez pas d'être drôle. Dans les moments de malaise, le recours au comique sert souvent d'exutoire à la tension. N'ayez pas peur de vivre l'inconfort. C'est tout l'intérêt de la TDR…

Ne vous sentez pas obligé de parler. Là encore, parler sans nécessité est souvent une manière d'éviter l'expression de sentiments authentiques. Si vous n'avez rien à dire, acceptez-le. En revanche, si vous avez besoin de dire quantité de choses, donnez libre cours à votre parole.

N'essayez pas de vous délester de tout en une seule séance. Un objectif inatteignable tout autant que contre-productif. Prenez votre temps, respirez. Bien souvent, l'histoire que vous éprouviez le besoin de raconter est très différente de celle qu'il vous faut réellement dire. Laissez-la se révéler avec le temps.

Ne vous souciez pas des attentes de votre partenaire. C'est votre séance – faites ce qui vous semble juste. Soyez à l'écoute de votre corps. Soyez à l'écoute de vos sensations. Exprimez-les selon vos besoins. Préoccupez-vous de vous et de vous seul.

Après quelques circuits, votre partenariat devrait être plus fluide. Un sentiment de confiance devrait naître entre vous. Comme dans tout voyage, le chemin est souvent incertain et la destination inconnue. Il vous arrivera de piétiner ; peu importe, tâchez simplement d'accepter l'incertitude et allez toujours de l'avant. Il n'existe pas de bonne ou de mauvaise voie, il n'existe que la vôtre.

DÉPRESSION ET HUMEUR SOMBRE

« La liberté n'est pas l'absence d'engagements,
mais la capacité de choisir. »
Paulo Coelho, Le Zahir

Le mot « dépression » est devenu un terme passe-partout qui désigne une vaste palette de symptômes, dont certains sont repris dans ce chapitre. Comment la dépression se développe-t-elle au juste ? Cela demeure un mystère. Selon certains, elle pourrait découler d'un déséquilibre chimique, d'un événement traumatisant ou de la consommation de certaines substances. Pour d'autres, elle résulterait d'une blessure de la petite enfance, de la solitude, d'un régime alimentaire trop strict ou d'attitudes négatives. Toutes ces causes peuvent vous laisser un sentiment d'impuissance ou d'enlisement. J'ai travaillé avec nombre de personnes atteintes de dépression et, même si vous n'y avez jamais été confronté personnellement, je suis sûr que vous connaissez au moins une personne dans votre entourage qui a déjà souffert de ce mal. C'est une épidémie qui se répand – le NHS, les services de santé publique britanniques, affirme que 10 % de la population du Royaume-Uni connaîtront une période dépressive à un moment de leur vie. D'après moi, le chiffre véritable est bien supérieur.

La dépression peut se manifester de maintes façons. Il se peut qu'aussi loin que remontent vos souvenirs, vous ayez le sentiment que votre vie se passe mal. Un événement capital de votre existence comme un licenciement, un divorce ou un deuil a pu déclencher une perte de bonheur et de bien-être. Mais dans bien des cas, votre malheur semble sans raison. La dépression est capable de frapper n'importe qui, n'importe quand, quelles que soient les circonstances.

IDENTIFIER LA DÉPRESSION ET L'HUMEUR SOMBRE

La dépression affecte des individus de toutes conditions, et notamment des personnes qui, selon toute apparence, « réussissent » et semblent « tout avoir ». Il existe certains signes et symptômes de dépression susceptibles d'indiquer que vous êtes déprimé ou d'humeur sombre, et qui peuvent vous être familiers. Les voici :

- Une fatigue et une perte d'énergie.
- Une tristesse qui ne se dissipe pas.
- Une perte de confiance en soi et de l'estime de soi.
- Une difficulté à se concentrer.
- Une incapacité à profiter de choses qui sont d'habitude agréables ou intéressantes.
- La sensation d'être tout le temps angoissé.

- Une tendance à éviter les autres, même vos amis proches.
- Un sentiment d'impuissance et de désespoir.
- Des troubles du sommeil – difficultés à s'endormir ou réveil bien plus tôt que d'habitude.
- Très forts sentiments de culpabilité ou d'inutilité.
- Des difficultés à travailler au bureau, à l'université, à l'école.
- Une perte d'appétit.
- Une perte de libido, ou autres problèmes sexuels.
- Des douleurs et gênes physiques.
- Des pensées suicidaires ou de mort.
- De l'automutilation.

Si vous vous reconnaissez dans quatre des éléments de cette liste au moins, vous auriez peut-être intérêt à demander à un médecin si la TDR pourrait vous convenir. La TDR ne sera peut-être pas faite pour vous si l'on vous diagnostique un état dépressif grave ou clinique.

SOURCES COURANTES DE DÉPRESSION

Événements de la vie. Des changements majeurs dans l'existence sont susceptibles de déclencher une phase de dépression.

Perte. Elle survient sous quantité de formes : la perte d'un être aimé, d'un emploi ou d'un domicile, à la suite d'un déménagement. Elle peut aussi venir de la vieillesse, du départ de vos enfants de la maison ou de la déperdition d'une part de votre identité, pour une raison ou une autre.

Colère. Certaines personnes désignent la dépression comme une colère froide. Pour d'autres, la colère peut se révéler une émotion plus rassurante que la tristesse qui réside derrière.

Rigidité de la pensée. Quand certaines pensées ou façons de penser deviennent rigides ou figées, cela risque de conduire à l'inflexibilité et à la dépression.

Expérience d'enfance. Si vous avez souffert de traumatismes durant votre enfance, par exemple de mauvais traitements ou de négligence, ou si l'on ne vous a pas appris à surmonter les difficultés de la vie, il vous sera peut-être plus difficile d'affronter certains problèmes à l'âge adulte – ce qui sera susceptible de conduire à la dépression. La honte, la culpabilité et la colère y joueront sans doute un rôle non négligeable.

Abus d'alcool et de drogue. Bien que certaines substances aient la faculté temporaire de soulager vos symptômes, elles risquent aussi de les renforcer à long terme et suffisent aussi parfois à signaler un problème sous-jacent.

Cruauté envers soi-même. Une critique intérieure cruelle et insistante est une source courante de dépression. Cela suffit à miner tous les bons moments de l'existence, les relations et les sources de bonheur. Souvent lié au perfectionnisme, à l'insécurité ou à une éducation parentale trop sévère, cet état pourrait réduire à néant tout ce qu'il y a de positif en vous.

Cause inconnue. Toutes les dépressions n'ont pas de causes évidentes. Ce mal surgit parfois de nulle part, ce qui peut le rendre encore plus pénible. Souvent, nous cherchons une raison pour légitimer notre souffrance. Si nous sommes incapables d'en cerner une, fréquemment, cela ne fait qu'accentuer le sentiment de honte et de confusion.

COMMENT FONCTIONNE LA TDR EN CAS DE DÉPRESSION OU D'HUMEUR SOMBRE

La thérapie dynamique par le running traite la dépression au niveau de l'esprit et du corps. Cette double approche permet d'affronter les sentiments d'impuissance et de vacuité qui vont souvent de pair avec la dépression. Elle donne l'occasion d'en faire davantage que d'en parler ou d'attendre simplement que le mal passe – elle procure les moyens effectifs d'en sortir.

En vous mettant en mouvement, vous décidez de prendre les choses en main. Nombre de recherches démontrent le lien entre l'exercice et l'amélioration de l'humeur. Selon une étude néerlandaise de 2006 portant sur 19 288 jumeaux et leurs familles, ceux qui faisaient de l'exercice étaient « moins angoissés, moins déprimés, moins névrotiques, et aussi plus ouverts socialement ».

Dans ce périple, vous commencerez par explorer votre monde intérieur. En vous familiarisant avec vos pensées, vos sensations, vos émotions et vos perceptions, vous aurez une meilleure compréhension de votre manière d'évoluer dans le monde, ce qui vous permettra de pointer ce que vous envisagez de transformer en vous. Grâce à la TDR et à ce processus de questionnement, vous aurez une meilleure compréhension de votre dépression. Vous vous regarderez ainsi d'un œil neuf, ce qui vous aidera à changer ce que vous jugez possible de changer et à accepter vos limites.

Une partie du processus repose sur notre tendance innée à vouloir préserver notre santé. Comme les plantes, nous poussons naturellement vers la lumière. Mais il y a une autre façon de voir les choses : plutôt que de chercher à acquérir ce qui nous manque, nous prenons conscience de ce qui est déjà en nous. C'est une manière positive d'aborder l'existence – nous nous créons un environnement propice au changement, comme une plante qui grandira et s'épanouira. Cela suppose d'examiner nos choix de vie et notre façon de prendre soin de nous. Est-il temps pour vous de prendre soin de vous ? Pratiquer une activité physique, bien s'alimenter, prendre du temps pour soi, faire du bénévolat, intégrer un cours, sortir marcher ou se livrer à toute autre activité axée sur la vie vous aidera à créer un environnement dans lequel vous pourrez commencer à guérir.

La douleur que vous ressentez quand vous êtes déprimé vous offre à tout moment une possibilité d'améliorer votre exercice de conscience. Chaque fois que vous ressentirez la morsure du cafard, vous aurez une chance d'en revenir une nouvelle fois au corps, à la sensation, et de vous rendre compte que les pensées, comme les sensations, vont et viennent. Certes, au début, l'exercice est difficile et le maîtriser prend du temps. Comme pour un muscle, il faut de l'entraînement. Mais avec de la pratique, vous verrez qu'à ces moments-là une option s'offre à vous : reconnaître qu'une pensée ou une sensation ne sont que ce qu'elles sont, et accepter de les laisser s'écouler.

Suivre le fil : le journal de vos humeurs

Un journal de vos humeurs peut être un moyen efficace pour vous familiariser avec votre dépression et mettre au jour les signaux de votre douleur. En suivant le fil de vos humeurs, vous serez en mesure de repérer quels événements ont sur vous les pires effets, et à quelles heures de la journée. Souvent, d'autres schémas que ceux auxquels vous vous attendez se révéleront. Rien ne vous empêchera ensuite d'apprendre à vous adapter à ces moments et à ces situations, en y introduisant des changements quand ce sera possible et en vous préparant à les affronter quand ça ne le sera pas. Ce journal de vos humeurs peut s'acheter en librairie, se télécharger ou même se remplir en ligne. Rien ne vous empêche non plus de créer le vôtre.

Vous aurez peut-être envie de tenir un tel journal au quotidien. Essayez cependant de réserver un horaire pour le faire – par exemple le matin à la première heure ou le soir avant de vous coucher – et consignez vos émotions et vos pensées. Rien ne vous oblige à les interpréter si vous n'en avez pas envie. L'important, c'est de les écrire telles qu'elles surviennent en vous. Essayez d'être fidèle à l'expérience que vous vivez. Vous constaterez que le fait de coucher ces sujets sur le papier vous soulagera – il vaut mieux extraire ces éléments plutôt que de les garder pour soi. Un journal peut être aussi le compagnon idéal pour votre parcours de TDR.

QUESTIONS SUR LA DÉPRESSION ET L'HUMEUR SOMBRE

Ces questions sont spécifiquement conçues pour vous aider à explorer comment elles surviennent et à en prendre toute la mesure, et, par conséquent, à réduire les symptômes de votre dépression ou de votre humeur sombre. Choisissez des questions qui vous parlent. Laissez votre intuition vous guider dans ce choix. Souvenez-vous, il n'y a ni bonnes ni mauvaises réponses. Si vous avez vos propres questions, ajoutez-les à la liste dans l'espace prévu à cet effet, à la fin de ce chapitre.

Qu'est-ce que les mots « dépression/humeur sombre » signifient pour vous ?

Depuis combien de temps vous sentez-vous ainsi ? Quand ces sensations ont-elles débuté ? Était-ce lié à un déclin progressif ou à une subite impression de tristesse ? Parfois, il est bon d'observer leur maturation, afin de mieux comprendre d'où viennent les émotions, au lieu d'être submergées par celles-ci.

Y a-t-il des antécédents de dépression ou d'humeur sombre dans votre famille ? Si oui, lesquels ?

Il est souvent utile de réfléchir aux moments où votre dépression est plus ou moins pesante. Certaines situations déclenchent-elles ou accentuent-elles votre dépression ou votre humeur sombre ? Si oui, lesquelles ?

Avez-vous songé à tenir un « journal de vos humeurs » ? Pensez-vous que cela puisse représenter un moyen utile de suivre et de traiter ces moments de la journée où vous avez le plus tendance à vous sentir déprimé ?

Si vous deviez décrire visuellement cette sensation de dépression, à quoi ressemblerait-elle ? *(À un sombre nuage noir au-dessus de ma tête ; à un tourbillon de brume ; à un chat noir, à un méli-mélo de couleurs, etc.)*

Comment la décririez-vous sur le plan de vos sensations ? Quel bruit fait-elle, quel goût a-t-elle, quelle odeur, quelle répercussion a-t-elle dans votre corps ? *(un bruit fort, un goût amer, une odeur âcre, un frisson, une suée, une douleur au creux de l'estomac, etc.)*

Personnifier votre dépression ou votre humeur peut vous aider à prendre du recul, à vous montrer plus objectif et à moins vous y empêtrer. Si vous deviez donner un nom à votre dépression, pour la rendre unique à vos yeux, quel serait-il ? Que signifie ce nom pour vous ?

Avez-vous le sentiment que votre dépression est de votre faute ? Ou de celle d'un autre ? Ou de celle de personne ? Si vous pensez en effet que vous en êtes responsable, pensez-vous que vos amis et votre famille seraient d'accord avec vous ?

Comment aimeriez-vous que les autres vous traitent quand vous êtes déprimé ? Si un ami venait vous voir avec les mêmes émotions que celles que vous ressentez, comment l'aideriez-vous ? Qu'essaieriez-vous de faire ou de dire ?

Quelles attentes avez-vous vis-à-vis de vous-même et des autres, en matière de dépression et d'humeur sombre ? Vous « gifleriez-vous » parfois d'abriter en vous de telles émotions ? Ou alors faites-vous preuve de compassion envers vous-même ?

Laissez-vous parfois ce sentiment se muer en un prétexte pour ne pas prendre pleinement part à l'existence ? Qu'avez-vous évité de faire, et pourquoi ? Peut-être aviez-vous une peur sous-jacente du rejet ou de l'échec, ou une autre peur ?

Visez-vous la perfection ? En quoi cela vous affecte-t-il ? D'où cela vous vient-il ? En quoi cela vous sert-il ? Pensez-vous qu'il y ait des gens qui se sentent véritablement parfaits, ou que la perfection soit atteignable ?

Comment décririez-vous votre manière de formuler à vous-même votre dépression ou votre humeur sombre ? Parleriez-vous aux autres sur ce ton ? Sinon, comment comprenez-vous cette différence ?

Certaines de vos pensées sont-elles répétitives ? Si oui, lesquelles ? Certaines sont-elles rationnelles et d'autres complètement irrationnelles ? Êtes-vous convaincu de pouvoir cerner la différence ? Cela vous aiderait-il de dresser une liste des unes et des autres ?

Avez-vous tendance à vous isoler ? Si oui, pourquoi ? Que pourriez-vous faire pour vous sentir plus relié aux autres ?

L'exercice est un moyen puissant de traiter la dépression. Pourriez-vous réfléchir aux types d'exercices que vous vous sentiriez capable de faire ?

Avez-vous envisagé d'essayer des techniques de relaxation comme la respiration profonde, le yoga ou la méditation ? Si oui, lesquelles ?

Si vos journées vous semblent déstructurées, avez-vous songé à adopter un emploi du temps plus équilibré ? Un emploi du temps, surtout s'il inclut des activités sociales et de bien-être, peut se révéler à la fois rassurant et gratifiant.

Au contraire, si vous trouvez vos journées trop structurées et si vous vous sentez incapable d'y faire face, y a-t-il des changements, si petits soient-ils, que vous pourriez introduire dans votre quotidien pour le rendre moins monotone ?

NOTES

L'ANXIÉTÉ

« L'angoisse est le vertige de la liberté. »
Søren Kierkegaard

QU'EST-CE QUE L'ANXIÉTÉ ?

Chez les êtres humains, l'anxiété est naturelle, et elle nous est utile à plusieurs titres, notamment pour nous permettre d'identifier le danger quand il approche ou lorsqu'un changement est nécessaire. Elle peut toutefois se révéler problématique quand elle devient excessive et incontrôlable, surgissant apparemment de nulle part, et qu'elle produit un effet préjudiciable sur nos existences.

Votre anxiété peut être intermittente et légèrement irritante, comme celle qui vous tenaille lors d'événements mondains, par exemple les soirées, ou peut-être quand vous vous sentez seul. Ou elle peut paraître plus récurrente et plus perturbante, une tension familière qui vous donne presque toujours l'impression d'être à cran et sur les nerfs. Elle peut même se révéler omniprésente, écrasante, au point de vous paralyser et de vous épuiser, jusqu'au désespoir, vous donnant l'impression d'être coupé du monde et découragé.

La thérapie dynamique par le running peut à la fois vous aider à mieux vivre votre anxiété et à en soulager les symptômes. Certains de ces symptômes comprennent :

- une agitation ou la sensation d'être sur les nerfs ;
- l'impression d'être rapidement fatigué ;
- une difficulté à se concentrer ou une tendance à avoir l'esprit ailleurs ;
- de l'irritabilité ;
- une tension musculaire ;
- des troubles du sommeil ;
- une rumination de ses peurs et de ses inquiétudes.

D'OÙ VIENT L'ANXIÉTÉ ?

Votre anxiété peut être causée par des facteurs environnementaux (comme certaines situations en société ou dans votre métier), des facteurs médicaux (un abus de certaines substances, la génétique, la chimie cérébrale) ou une combinaison de ces facteurs. Elle est généralement déclenchée par le stress, qui peut avoir de nombreuses sources, comme les études ou le travail, les soucis d'argent, les problèmes professionnels, les difficultés relationnelles, l'âge, les brimades ou les persécutions, le divorce, le deuil, etc.

Quelle qu'en soit la source, nous éprouvons tous de l'anxiété, à un degré plus ou moins élevé. À moins de vivre dans un temple et de méditer du matin au soir, il est peu probable que nous réussissions à l'éviter. En revanche, concentrons-nous davantage sur notre rapport à l'anxiété plutôt que sur sa cause. Le psychologue Rollo May voyait l'anxiété de manière plus positive, la considérant comme un phénomène inévitable, naturel, et comme la source de toute créativité. Il la percevait comme une sensation déclenchée par la lutte qui accompagne la vie : pour lui, l'anxiété engendre le changement et provoque la croissance, et nous éloigne de la stagnation et de l'isolement. Il la considérait ainsi comme une force positive.

Dès lors, comment vivre l'anxiété en ce sens ? La réponse consiste en partie à changer notre rapport à celle-ci, à reconnaître qu'elle peut être une amie, au même titre qu'elle est une ennemie. Ce n'est pas toujours possible. L'anxiété chronique peut requérir une intervention médicale. Toutefois, dans la plupart des cas, on parvient à remédier à une anxiété indésirable. L'un des moyens consiste à y adhérer quand c'est possible, au lieu de vouloir l'éviter à tout prix. Attention, il ne s'agit pas ici d'apprécier chaque minute de votre anxiété, mais plutôt d'apprendre à la reconnaître et à la tolérer comme l'accompagnement naturel de tout ce que nous faisons, ou presque.

Lorsque nous évaluons nos choix de vie, dont les conséquences sont floues, nous subissons stress et anxiété. Avec la TDR, le but est d'engager ce processus de développement et d'expérimentation de façon positive. Quand vous courrez en pensant aux questions de cette fin de chapitre, demandez-vous comment exploiter cette énergie de l'anxiété, afin d'introduire des changements positifs dans votre vie. Vous aurez peut-être envie de demander une augmentation de salaire à votre patron ou d'inviter quelqu'un à dîner, une initiative que vous redoutez, tant vous craignez d'être rejeté. Essayez d'énoncer ces questions dans votre tête ou de vous exercer à les poser à voix haute, là, dans le parc. Ressentez l'énergie que cette anxiété peut vous apporter. Remarquez en quoi elle affecte votre vitesse de course et votre endurance.

Un certain degré d'anxiété demeure tout à fait normal : de quoi sera composé mon petit déjeuner, comment vais-je rembourser cette dette, qu'en est-il de mon avenir, vais-je me marier ou divorcer, y a-t-il une vie après la mort, et à la plus grande question de toutes : « Pourquoi fais-je tout cela ? » Chacune de ces interrogations peut engendrer de l'anxiété. Pour certains, l'importance et l'échelle de ces problèmes conduisent à des niveaux d'inquiétude inhabituels ou excessifs. D'autres ressentent une forme d'anxiété qui semble émaner de nulle part, un bruit de fond sourd et obsédant, sans raison apparente. Nous vivons à un âge d'extraordinaire liberté, où nous pouvons choisir de suivre presque n'importe quelle voie. Mais pour certains, la liberté est un combat et une source d'anxiété. Le philosophe danois Søren Kierkegaard l'a compris, lui qui nomme l'angoisse « le vertige de la liberté ».

Nous allons maintenant examiner diverses causes fondamentales de l'angoisse, afin que vous puissiez au mieux explorer votre propre relation avec cet aspect souvent troublant de la vie moderne.

L'ANGOISSE D'UN TRAUMATISME PASSÉ

Pour ceux dont la petite enfance a été marquée par des traumatismes tels que le divorce, la maltraitance ou le deuil, la vie a de quoi effrayer. Si vous avez vécu quelque chose de cet ordre au cours de vos très jeunes années, vous faites alors éventuellement partie de ces personnes qui redoutent d'être exposées de nouveau à de tels traumatismes. Il s'ensuit parfois une vie d'esquive, de crainte ou d'hypersensibilité à l'enfermement et au stress. Souvent, vous vous livrez à un processus constant d'évaluation qui vous tient informé du détail de votre situation. Suis-je en sécurité ? Où vais-je me procurer mon prochain repas ? Quelles sont mes perspectives ? À qui puis-je me fier ? Ces gens m'apprécient-ils, vont-ils me trahir ou m'exploiter ? Peu importe si le drame s'est produit bien des années plus tôt, pour le corps et le système nerveux, cela peut dater de la veille. Se familiariser avec votre « histoire originelle » peut donc vous aider à comprendre pourquoi vous vous sentez si anxieux. Faites preuve de douceur, de compréhension et de bonté à votre égard. Consignez l'itinéraire de votre découverte dans un journal intime ou dans les pages de ce livre.

L'ANGOISSE DE VOTRE SITUATION ACTUELLE

L'angoisse peut également découler de choix que nous avons faits, mais il peut être également le produit de notre existence actuelle. Dans ce cas, c'est un bon système d'alerte avancé de notre organisme, qui nous rappelle qu'il y a un problème à examiner. Souvent, quand nous cherchons à ignorer qu'il y a nécessité d'agir, l'état d'angoisse s'aggrave, jusqu'à ce que nous agissions. Il peut s'agir du genre d'angoisse que nous éprouvons lorsque nous sommes insatisfaits de notre existence – nous visons les choses trop vite, ou trop lentement, en nous protégeant trop, ou en nous exposant trop au danger. Ou alors nous cherchons, là encore, à surmonter un drame ou une absence. Nous devons peut-être nous réconcilier avec un frère, une sœur ou un ami. De telles circonstances procurent souvent la sensation obsédante que quelque chose ne va pas, comme une inaptitude à se détendre parce qu'un problème n'est pas réglé et, nous avons beau faire comme si tout allait bien, au fond de notre âme, nous savons qu'il n'en est rien.

Brené Brown, spécialiste réputée des sciences humaines et sociales, défend l'emploi de la technique suivante pour gérer ce sentiment de « blocage » – résumé par l'acronyme anglais DIG (« creuser ») :

Décidé dans sa pensée et son attitude
Inspiré pour faire des choix nouveaux et différents
Gagnant – comme dans le verbe « gagner », « passer à l'action »

Si vous vous sentez pris dans une ornière, optez pour le changement. Petit ou grand. Expérimentez plusieurs types de changements. La TDR vous remettra sur votre trajectoire, en vous aidant à vous orienter dans une autre direction si nécessaire. Notez dans votre journal en quoi la TDR affecte vos niveaux d'anxiété.

L'ANGOISSE SANS RAISON

Parfois, l'angoisse surgit de nulle part, apparemment sans racine ou sans cause. Ensuite, quand nous examinons nos vies, à la recherche de sa source, finalement sans rien découvrir, nous sommes déroutés. Et pourtant cette angoisse ne cesse pas. Comment faire face à ce que nous ne comprenons pas ? La bonne nouvelle, c'est que toute guérison ne passe pas forcément par la compréhension. En expérimentant certaines transformations dans notre mode de vie, nous pouvons fortement soulager cette angoisse. Parfois, il s'agit simplement d'effectuer un changement – n'importe lequel. Similaire à l'angoisse « situationnelle » que nous venons d'explorer, « l'angoisse sans raison » peut être simplement liée à votre vie actuelle, aux événements du moment. Elle peut résulter d'un choix professionnel, d'une relation ou d'une amitié dont vous avez sous-estimé l'impact. Essayez de modifier certaines choses dans votre vie. Cela peut paraître simpliste, mais pourra se révéler étonnamment efficace.

En explorant votre anxiété, vous allez petit à petit l'apprivoiser : comprendre qu'il s'agit d'une expression extérieure de votre monde intérieur. Ainsi, vous aurez une compréhension plus profonde, plus vive de vous-même. Vous verrez plus loin qu'auparavant, et vous vous relierez davantage avec ce qui est en vous. Vous commencerez éventuellement à réfléchir à ce que recouvre votre angoisse.

Il nous est quelquefois plus facile de vivre l'anxiété que d'en examiner la cause. Elle peut résulter d'une colère inexprimée envers un partenaire ou un parent, de la perte d'un proche ou d'un regret qui n'a jamais été exprimé. Ou est-elle liée à la peur de ne pas être à la hauteur ? À la honte ? À la crainte de l'échec ? À la peur de la mort ? Il se pourrait que votre anxiété ait servi un objectif : vous protéger d'un danger que vous êtes maintenant prêt à affronter. C'est un travail exigeant, mais susceptible de bouleverser votre monde et de recadrer votre vision de la vie et de vous-même.

L'ANGOISSE DU DÉSIR D'ÊTRE AIMÉ

L'angoisse découle souvent d'un désir intense d'être apprécié, d'une interrogation permanente, d'un doute sur votre valeur aux yeux des autres. Vous pourriez avoir une perception gênante ou troublante de cette situation, ce qui vous entraînerait dans un cercle vicieux où votre nervosité serait le résultat que vous teniez tant à éviter.

La TDR rompt ce cercle vicieux de deux manières : d'abord en vous donnant l'habitude de vous évaluer vous-même – et de ne plus confier cette tâche aux autres. Autrement dit, vous exercez simplement le muscle qui, d'ordinaire, projette cette évaluation vers l'extérieur pour la rediriger vers l'intérieur. Vous remplacez la peur inquisitrice de ce qui se passe dans la tête des autres par une interrogation sur le traitement que vous vous infligez. Cultivez un dialogue intérieur plus attentionné.

La rupture de ce cercle vicieux passe également par la pratique de la pleine conscience. Celle-ci vous permettra de développer un sentiment croissant de calme intérieur, renonçant ainsi aux ruminations et à la pensée négative. En conséquence, vous vous intéresserez moins à l'opinion des autres sur vous. Ce besoin répétitif d'être rassuré cédera la place à la conviction qu'il y a en vous un « moi » fiable et bienveillant sur lequel vous pouvez compter.

L'ANGOISSE LIÉE AU PERFECTIONNISME

Nous sommes nombreux à passer notre vie à vouloir nous améliorer et à vouloir améliorer le monde. Cet objectif, compréhensible mais épuisant, peut être aussi débilitant que vain. S'il est naturel d'organiser notre présence dans le monde autour de tels objectifs – atteindre la prospérité, changer le monde –, c'est faire le lit du désastre et de l'angoisse. On aura beau planifier, s'accrocher, contrôler ou superviser, rien de tout cela ne suffira à produire une société telle que nous la désirons. Pire encore, à force de vouloir tout maîtriser, nous perdons le contact avec ce qui nous entoure. Nous finissons par remplacer notre vie par celle que nous avons planifiée pour le lendemain, dans laquelle nous serons quelqu'un d'autre.

Essayer de « se réparer », c'est toujours partir de l'idée que l'on est en panne. Et c'est le contraire de l'acceptation de soi qui anime la TDR. Qu'attendez-vous de vous-même ? Vos attentes sont-elles réalistes ? Estimez-vous devoir mieux faire ? Vous maltraitez-vous ? Comment avez-vous appris à vous infliger un tel traitement ? La voix qui vous réprimande vous paraît-elle familière ? La TDR vous enseigne à accepter et à aimer votre moi imparfait, à valoriser ce que vous êtes au lieu de fantasmer sur ce que vous n'êtes pas. Quand nous arrêtons de lutter, que nous disons « stop » aux exigences auxquelles nous nous soumettions jusqu'alors, nous découvrons souvent qu'il existe un lieu de sérénité et que celui-ci nous attend.

La vérité est la suivante : il n'existe pas de remède à ce que nous sommes ou au monde dans lequel nous vivons. Accepter cette vérité peut soulager une bonne part du stress et de l'anxiété que nous engendrons pour la nier. Cela implique de développer une démarche de pleine conscience : trouver du plaisir dans les plus petites choses, vivre dans le monde qui est devant nous, dans le calme et la sérénité, et sans attendre des autres. Cela demande aussi de nous évaluer tels que nous sommes, avec nos défauts : aimer nos imperfections et le monde imparfait dans lequel nous vivons, c'est la première étape de l'être au présent. Autorisez-vous à être simplement vous-même. C'est tellement plus facile et plus épanouissant que d'essayer d'entretenir un fantasme.

L'ANGOISSE DUE À LA SOLITUDE

Nous avons tendance à sous-évaluer un autre phénomène corrélé à l'anxiété : la communauté. Que signifie ce mot à l'ère des médias sociaux, où nous avons des centaines d'amis partout dans le monde ? Pourtant, un tel réseau ne suffit pas à vous procurer le contact direct dont vous avez besoin pour vous sentir détendu, valorisé et relié. Vivre son existence à travers un ordinateur peut en réalité devenir un générateur puissant d'anxiété. Votre système nerveux a besoin de cette source de satisfaction que sont les vraies relations, des activités et des objectifs partagés. Dans le passé, des groupes d'amis se réunissaient pour des soirées de chants et de danses au coin du feu.

La vie moderne s'est depuis longtemps dépouillée de nombre de ces rituels. Nos occasions de passer des moments de qualité avec l'autre sont envahies par des appareils électroniques omniprésents. Questionnez-vous sur l'étroitesse de vos liens avec votre communauté. Si vous savez ce que vous voulez et si vous avez besoin de davantage de liens, créez-les. Intégrez une chorale, une œuvre caritative, une équipe sportive ou un cours d'aquarelle. Tout ou presque fera l'affaire. Vous pouvez aussi bien aller saluer votre voisin, partager une bière avec lui ou lui apporter un cadeau.

L'EFFET DE LA TDR SUR L'ANXIÉTÉ

La thérapie dynamique par le running mêle la pleine conscience et la thérapie verbale en mouvement. Cette combinaison est un moyen très efficace de comprendre et de traiter l'anxiété. La recherche a montré qu'une pratique de pleine conscience est un outil efficace pour réduire celle-ci.

Aux États-Unis, des chercheurs de l'université Johns Hopkins ont examiné 19 000 études consacrées à la méditation. Parmi elles, ils ont sélectionné quarante-sept essais cliniques traitant de l'angoisse et du stress. Leur recherche a conclu que la méditation de pleine conscience peut réduire l'angoisse, la dépression et la douleur. En associant pleine conscience et exercice[1], la TDR se sert du corps comme d'un outil très efficace de gestion de l'angoisse.

1. Comme mentionné précédemment, une étude néerlandaise de 2006 a révélé que les personnes pratiquant une activité physique étaient « moins angoissées, moins déprimées, moins névrosées et socialement plus ouvertes ».

Cette approche de l'angoisse présente un quadruple avantage. Premièrement, elle aborde directement la sensation à travers une combinaison de pleine conscience, de mouvement et de grand air, autant de composantes dont il est prouvé qu'elles réduisent l'anxiété. Deuxièmement, elle vous aide à explorer votre expérience de l'existence, et vous offre une nouvelle perspective sur vos choix de vie. Troisièmement, elle vous permet d'améliorer votre relation avec vous-même et votre vie, et de vous accepter tel que vous êtes. Enfin, au terme du parcours, la relecture et la synthèse de vos notes de sessions vous procurent un sentiment d'accomplissement, vous rappellent tout le chemin parcouru et vous assurent que vous disposez des outils et d'une connaissance de soi nécessaires à une meilleure gestion de votre angoisse.

QUESTIONS SUR L'ANGOISSE

Ces questions sont spécifiquement conçues pour vous aider à explorer et à acquérir la conscience de la TDR, réduisant ainsi les symptômes de votre anxiété. Choisissez des questions qui vous semblent résonner en vous. Laissez votre intuition formuler votre choix. Souvenez-vous, il n'y a pas de bonnes ou de mauvaises réponses. Si vous avez vos propres questions, ajoutez-les à la liste dans l'espace prévu à cet effet à la fin du chapitre.

Dans quel sens l'anxiété que vous ressentez affecte-t-elle votre qualité de vie ?

Quels mots utiliseriez-vous pour décrire votre anxiété ?

Votre anxiété vous fait-elle perdre parfois confiance en vous ?

Essayez-vous d'éviter ou de nier certaines sensations ou certains faits de votre vie, et cela pourrait-il contribuer à votre anxiété ?

Votre anxiété découle-t-elle d'un besoin de régler un aspect important de votre vie ?

Vous êtes-vous déjà demandé quelle serait votre vie sans cette anxiété envahissante que vous ressentez parfois ?

Vous imposez-vous beaucoup d'exigences, et cela pourrait-il contribuer à vos sentiments d'angoisse ?

Avez-vous exploré différentes approches pour tenter de réduire votre anxiété ?

Entretenez-vous de longue date des convictions inutiles vous concernant ?

Avez-vous dans votre vie une ou plusieurs personnes à qui vous pourriez faire part de ce qui vous arrive réellement ?

Si vous deviez vous adresser une lettre au sujet de votre anxiété, qu'écririez-vous ?

Avez-vous tendance à voir les choses tout en noir ou tout en blanc ?

Connaissez-vous quelqu'un qui souffre d'anxiété – et comment percevez-vous la sienne ?

Existe-t-il un domaine de votre vie qui vous paraît inachevé ?

Sentez-vous, dans votre cœur, une réelle envie de changer votre rapport à l'angoisse ?

Certaines de vos attentes vis-à-vis de l'existence et de la manière dont elle devrait vous traiter sont-elles irréalistes ?

Êtes-vous perfectionniste ? Cela peut parfois conduire à l'anxiété.

Croyez-vous qu'une part de l'anxiété que vous vivez soit inévitable et fasse partie intégrante de l'être humain ?

Il y a souvent un lien entre l'excès de réflexion et l'anxiété. Ruminez-vous beaucoup ?

S'il y avait une chose, plus que tout, que vous voudriez tenter pour réduire votre excès d'anxiété, qu'est-ce que ce serait ?

NOTES

LES RELATIONS

« Il existe une sorte de nourriture
qui ne s'absorbe pas par la bouche…
Le corps et la personnalité humaine forment une coupe.
Chaque fois que vous rencontrez quelqu'un,
il s'y verse quelque chose. »
Rûmi

QUE SE PASSE-T-IL ?

Pourquoi, alors que nous nous pensons tous capables de nourrir des relations bénéfiques et sincères, nous sentons-nous si souvent incompris et blessés ? Comment tant de douleur et de colère finissent-elles par s'insinuer entre deux êtres qui tiennent manifestement l'un à l'autre ? Avant toute chose, il est bon de réfléchir à ce que nous entendons véritablement par ce terme de « relation » et à ce que nous pouvons en attendre de façon réaliste.

En règle générale, on utilise le mot « relation » pour évoquer un lien entre deux personnes. Évidemment, il existe quantité de liens différents. Il peut s'agir de liens parfois forts et féconds, d'autres fois faibles et bancals. Ceux-ci peuvent combler nos rêves les plus fous ou se révéler perturbants et source d'anxiété.

Il nous est possible de ressentir un grand amour, qui sera suivi l'instant d'après par une terrible colère. Il n'est pas inutile de relever qu'il serait étrange de vivre des relations libres de toute tension. Si nous nous rappelons l'un des éléments les plus importants d'une relation – le caractère unique de chaque individu –, on voit aisément en quoi l'oublier peut créer un terreau propice au ressentiment. On a pu affirmer qu'aimer réellement quelqu'un, c'est lui permettre d'être lui-même et de se développer selon ses besoins, et non selon les nôtres.

POURQUOI LES RELATIONS SONT-ELLES DIFFICILES ?

Les relations sont difficiles parce que chaque individu est différent. C'est aussi simple que cela. Il n'y a aucune raison pour que deux personnes trouvent le moindre terrain d'entente. La vie reste une entreprise qui a de quoi effrayer ! Pour cette raison, nous voulons vivre un amour sûr, familier et facile. Nous attendons des autres qu'ils comprennent ce qui nous paraît être des besoins élémentaires et clairement formulés, et qu'ils réagissent en conséquence.

Nombre de nos problèmes commencent par l'idéalisation, et tout d'abord par l'attente et l'espoir que nos frères et sœurs, nos parents, notre patron ou notre amour comblent notre fantasme, entretenu de longue date, d'être véritablement vus et valorisés. C'est une source courante d'insatisfaction. Après tout, au début, les gens s'arrangent généralement pour faire plaisir, jusqu'à ce que le voile se lève ou que l'attrait de la nouveauté se dissipe, et que la personne se révèle.

Il s'ensuit souvent une période d'intense examen de soi, où l'on explore des couches de souvenirs en quête d'indices sur ce qui a pu nous mettre dans cette situation. C'est surtout une initiative assez défensive, ce qui ajoute peu à ses chances de succès. Qui plus est, dans les relations, l'essentiel de la souffrance émane d'un sentiment de besoins insatisfaits, d'autant que nous laissons souvent s'écouler trop de temps avant de les exprimer et, quand nous le faisons, nous le faisons mal. L'histoire que nous nous racontons, c'est que l'autre a délibérément ignoré nos suppliques si clairement formulées. Avec le temps, cela nous conduit à lui en imputer la responsabilité, et il en résulte une situation à couteaux tirés que nous sommes nombreux à connaître.

Il y a au cœur de tout cela une liste d'attentes et de suppositions non exprimées – tant envers soi-même qu'envers ceux que nous aimons. En 1923, en écrivant son célèbre traité, *Je et tu*, le philosophe Martin Buber distinguait une relation « Je-cela », dans laquelle l'on objective l'autre, et une relation « Je-Tu », où l'on s'efforce de voir l'autre tel qu'il est vraiment (tout en laissant simultanément voir notre vrai moi). Selon lui, cela conduisait à une relation plus authentique et plus sacrée. Il essaya d'illustrer l'importance de ne pas se livrer à des suppositions oiseuses au sujet des autres, en nous avertissant que lorsque nous agissons de la sorte, nous ne vivons plus qu'à moitié.

L'EFFET DE LA TDR SUR LES RELATIONS

La TDR vous conduit à examiner les suppositions, les préjugés et les attentes que vous vivez dans le cadre de vos relations, et vous aide à les remplacer par d'autres conceptions plus authentiques. Elle y parvient grâce à la reconnaissance et à l'acceptation de votre moi véritable, y compris dans ses facettes les plus vulnérables, les plus sujettes à la peur et au jugement. Cela signifie que vous devrez vous ressaisir chaque fois que vous tomberez dans l'un ou l'autre de ces pièges. Avec le temps, cela deviendra une seconde nature – vous aurez acquis des réflexes tels que soutenir le regard de l'autre, être plus sincère envers vous-même, poser des questions au lieu d'émettre des hypothèses et accepter les défauts de l'autre. Cela signifie valoriser la vulnérabilité, être ouvert, disponible et généreux.

Afin d'accepter les défauts des autres, il faut d'abord accepter les vôtres – une relation saine avec les autres passe par une relation saine avec vous-même. La TDR vous aide à rendre justice à votre individualité, à vous évaluer tel que vous êtes, avec vos failles. Peut-être nourrissez-vous des attentes irréalistes envers vous-même quand, en réalité, comme tout le monde, vous possédez un organisme complexe et imparfait, qui voyage dans l'espace à bord d'un vaste rocher. Prenez un moment pour y réfléchir : dans quelle mesure acceptez-vous véritablement vos défauts et ceux des autres ? Pensez-vous être aussi sympathique que votre prochain ? Valez-vous autant que l'autre ? Vos crimes sont-ils vraiment si terribles ? C'est là un grand sujet avec lequel vous pourriez courir.

La TDR ne prétend pas offrir une solution unique à tous les problèmes relationnels, mais elle propose une méthode d'exploration claire de votre situation – notamment des schémas de comportement et de leurs éléments moteurs. Elle y parvient en vous fournissant une liste de questions qui vous accompagnent dans votre running. Avec le temps, en bougeant, en songeant au sens que revêtent ces questions pour vous et aux sensations qu'elles produisent en vous, il vous sera plus facile de vous connecter avec la vérité émotionnelle de votre histoire et de la reconnaître.

UNE RELATION CENTRÉE SUR LA PERSONNE

L'autre aspect de la TDR, également très utile aux relations, concerne tout ce qui est centré sur la personne, une pratique consistant à nouer avec soi-même une relation aimable et aimante. Une relation centrée sur la personne comprend trois éléments : regard positif inconditionnel, empathie et congruence. Chacune de ces composantes a des atouts à vous offrir dans votre cheminement vers de meilleures relations. En lisant les descriptions ci-dessous, demandez-vous à quelle fréquence vous proposez ces atouts à vous-même et aux autres.

1. Regard positif inconditionnel

Un regard positif inconditionnel, voilà qui paraît bien complexe et sérieux ! En réalité, cela suppose simplement de porter sur les autres et sur soi un regard positif, chaleureux et ouvert. Cette façon d'exister nous aide à garder une position disponible et réceptive, où nous parvenons à partager chaque moment en le laissant se dérouler de façon naturelle, au lieu de le surcharger de préjugés. Songez un instant à la manière dont vous vous traitez vous-même et dont vous traitez les autres : êtes-vous prompt à juger ? Avez-vous trop souvent une réaction de dédain ou condamnez-vous certaines facettes que vous n'aimez pas en vous ou chez les autres ? Demandez-vous si vous pourriez faire preuve de plus d'ouverture d'esprit et de tolérance, en admettant que tout le monde, vous compris, a le droit d'avoir sa propre opinion et d'emprunter son propre chemin.

Porter sur soi et sur les autres ce type de regard bienvcillant risque de se révéler difficile pour certains. Nombre d'entre nous savent que nous possédons certains côtés sympathiques, mais nous sommes trop peu nombreux à considérer que nos côtés les plus épouvantables sont eux aussi dignes d'être aimés. Souvent, ces facettes-là sont tenues en lisière, privées d'amour et d'affection. Ce sont pourtant les côtés de nous-mêmes qui en ont le plus besoin. Si vous demandez à quelqu'un qui ne sait pas s'aimer ce que s'aimer veut dire, il ne saura pas comment procéder. Vous y parviendrez en accueillant simplement les facettes de votre personne que vous appréciez le moins, et c'est à elles que vous accorderez le plus de patience, de soin et de compassion. Souvent, le simple fait de reconnaître leur existence suffit. Et en acceptant toutes ces facettes de vous-même, il devient plus facile d'accepter les autres.

« … Étrange paradoxe, dès que je m'accepte
tel que je suis, ensuite, je change celui que je suis. »
Carl Rogers

2. Empathie

L'empathie consiste à tenter de comprendre certains aspects du cadre de référence de l'autre. Carl Rogers, psychologue américain qui fut le premier à développer une thérapie centrée sur la personne, en disait ceci : « Vous mettez de côté vos opinions et vos valeurs pour entrer dans le monde de l'autre, sans préjugés. » Acquérir ce genre de réflexe est un facteur déterminant d'une relation saine avec vous-même et les autres. Nouer une relation d'empathie suppose de prendre le temps de découvrir ce qui se passe réellement en vous et chez les autres, sans vous livrer à des suppositions, des hypothèses ou des jugements hâtifs.

Par exemple, au lieu de vous fustiger et d'être tout le temps en demande, vous pourriez prendre conscience du fait que, enfant, vous ne saviez jamais quand vous alliez revoir votre mère, et cela vous a rendu collant et anxieux. Subitement, il est moins question de votre manque de ressources et de votre incapacité à agir, et davantage de votre réaction compréhensible à un contexte difficile durant votre enfance. Une meilleure compréhension de ce problème va de pair avec une tolérance et une compassion accrues envers vous-même et les autres.

3. Congruence

Le dictionnaire définit la congruence comme un « accord ou une harmonie ; une compatibilité ». On découvre sa propre harmonie quand on cesse de lutter pour être celui qu'on n'est pas, afin d'étreindre son véritable soi. Nous parlons là d'authenticité. Cela paraît facile, n'est-ce pas ? En réalité, là encore, c'est une question de pratique. La TDR vous aide à prêter attention à ces moments où vous vous fustigez de ne pas être « assez », ou d'être « trop », et vous aide à simplement ÊTRE. Pour ÊTRE, il vous suffit d'avoir conscience de ce que vous sentez et éprouvez, de percevoir ce qui vient à votre rencontre. Se démener pour être un autre que soi engendre souvent beaucoup de frustration, de colère, de déception et de souffrance. L'harmonie naît d'une mise en phase avec vous-même, et de l'accomplissement de cette même démarche envers les autres. Les exercices de pleine conscience sont excellents à la fois pour réduire le stress et créer un sentiment d'acceptation vis-à-vis du monde et d'autrui.

VOIR PLUS CLAIREMENT

La thérapie dynamique par le running vous aide à développer l'acceptation de soi, le calme et la sagesse. C'est un moyen idéal pour traiter les problèmes au sein de vos relations. À mesure que ces qualités se renforcent en vous, vous en récoltez les fruits : vous connaissez mieux votre histoire et vos choix de vie, vous êtes donc plus à même de comprendre le comportement et les motivations des autres.

Mais l'acceptation de soi n'est pas aisée à réaliser – elle ne vous est pas livrée dans un colis Amazon un beau matin –, en revanche, elle est à votre portée – cela réclame seulement un peu de discipline et d'engagement. Attention, vous n'allez pas faire l'ascension de l'Everest. Deux petites semaines ou un mois peuvent suffire à faire la différence.

La TDR peut-elle vous aider à diminuer la fréquence de vos prises de bec avec votre partenaire et la tension qui se manifeste pendant et après ? Ou à rendre vos disputes autour de l'argent, du sexe ou des tâches ménagères un tant soit peu moins tendues ? Vous permettra-t-elle de surmonter plus facilement vos différends avec votre frère, votre sœur ou votre patron ? La réponse est oui, mais cela nécessite un peu d'entraînement.

L'une des clefs pour remédier à des relations difficiles – comme à bien d'autres problèmes d'ailleurs – consiste à prendre conscience de la situation. En courant accompagné de ces questions, vous aurez enfin l'occasion de découvrir vos habitudes relationnelles et de les réévaluer. Grâce à cela, vous parviendrez à vous créer un point de vue différent sur les personnes que vous fréquentez et, ainsi, à prendre un nouveau départ.

Faites donc un pas vers vous-même et votre manière de gérer les difficultés, l'influence de votre éducation, vos relations passées et le rôle que vous y avez joué. Tout au long de ce processus, essayez d'être honnête – souvenez-vous, il n'y a aucune honte à être imparfait. Peut-être avez-vous tendance à en vouloir aux autres (« elle est tellement donneuse de leçons ») ou à user des circonstances comme d'une excuse

(« je suis trop occupé pour le voir, j'effectuerai la démarche moi-même »). Tout le monde se conduit de la sorte, mais trop peu de gens le reconnaissent. Soyez prêt et ayez la volonté, dans l'intimité de votre pratique de la TDR, d'être franc avec vous-même, afin que la vérité remonte à la surface. Essayez ces trois exercices et choisissez celui qui vous convient le mieux.

Exercice 1 : « L'exploration » est conçue pour vous aider à découvrir les causes et les schémas de votre propre comportement relationnel. Prenez votre temps et explorez les questions de la liste qui suit, en courant avec celles qui vous conviendront le mieux.

Exercice 2 : « Courir en vous » vous fournit les questions avec lesquelles vous parviendrez à examiner et à admettre la qualité de la relation que vous entretenez avec vous-même. Ce peut être un moment très fort.

Exercice 3 : « Aller plus en profondeur » vous permet d'aborder dans le détail ce qui se passe entre vous et l'être avec lequel vous êtes en lutte. Cet exercice fonctionne, quel que soit le type de relation que vous vivez.

EXERCICE 1 : L'EXPLORATION

Courir en se posant les questions suivantes vous aidera à trouver une manière d'entrer en relation qui vous est propre. Certaines questions ont plus trait aux relations amoureuses, d'autres aux liens platoniques ou familiaux. Courez avec celles qui vous paraissent appropriées à votre situation.

Questions sur les relations (1)

Quel genre de relations vos parents ont-ils (avaient-ils), et cela a-t-il influencé la vôtre ?

Considérez-vous que la relation que l'on entretient avec soi-même est importante et, si oui, pouvez-vous décrire la vôtre ?

Jouez-vous un rôle précis dans vos relations ? Par exemple, le rôle du roc, de celui qui fait plaisir ou du rebelle ?

Qu'attendez-vous d'une relation ? Certaines de ces attentes sont-elles irréalistes ?

Comment pensez-vous que les autres vous perçoivent dans la relation ? Quand vous vous posez cette question, vous sentez-vous tiraillé ? Si oui, êtes-vous en mesure de le reconnaître et de vous montrer plus compréhensif, de faire preuve de plus de compassion ?

Avez-vous du mal à mettre fin à une relation, même quand vous savez le moment venu ? Avez-vous du mal à vous fier aux autres ? Si tel est le cas, êtes-vous honnête avec eux à ce sujet ? Est-ce à vous ou à eux de régler vos problèmes de confiance ?

Trouvez-vous facile de vous ouvrir à vos proches ou dissimulez-vous vos sentiments véritables ? Comment aimeriez-vous être et à quoi ressembleriez-vous ?

Êtes-vous souvent déçu par les autres ? En ce cas, qu'y a-t-il derrière cela, selon vous ? Vous semble-t-il que cela puisse émaner d'un besoin depuis longtemps insatisfait ?

La durée de vos relations obéit-elle à un schéma ? Si tel est le cas, comment le comprenez-vous ?

Diriez-vous que vous vous montrez quelque peu catégorique envers les autres et vous-même ? Pensez-vous avoir des idées préconçues sur les individus et seriez-vous prêt à les assouplir ? Si oui, à quoi ressembleraient-elles ? En quoi cela améliorerait-il vos relations, notamment celle que vous entretenez avec vous-même ?

Êtes-vous attiré par un certain type de personne ? Si tel est le cas, quels sont les traits communs à ces personnes ? Que vous offrent-elles ?

Craignez-vous que les autres ne vous aiment pas ? En ce cas, en quoi cela affecte-t-il votre comportement ?

Êtes-vous spécialement sensible à la critique ? Êtes-vous capable de l'admettre ou d'en parler à votre partenaire ?

Entretenez-vous une colère ou une tristesse sans l'admettre sincèrement ?

Y a-t-il certains aspects des autres que vous avez du mal à tolérer ? Si oui, pourquoi ? Et possédez-vous des facettes similaires ?

Comment réagissez-vous quand quelqu'un vous contrarie ? Tenez-vous cette personne à l'écart ? Faites-vous comme si tout allait bien, mais manifestez-vous clairement votre déception par d'autres moyens ?

Prenez-vous sincèrement la mesure du bagage qui est le vôtre – de ce qui vous appartient et de ce qui incombe à l'autre ?

Que vous faudrait-il pour que vous ayez le courage de vous ouvrir davantage ? À quoi ressembleriez-vous si vous vous ouvriez plus ?

Avez-vous de la compassion pour vos propres travers ? Sinon, qu'est-ce qui vous empêche de vous accepter ?

NOTES

EXERCICE 2 : COURIR EN VOUS

Courir avec ces questions permettra à la fois d'explorer et de vous familiariser avec ce qui se joue en vous, à un niveau plus profond. L'exercice « Courir en vous » vous apportera de la clarté et la sensation de nouer un lien plus favorable avec vous-même. Certaines questions invitent à une bonne dose d'honnêteté, mais tâchez de ne pas esquiver les vérités dérangeantes – traitez-les comme vous traitez les autres sensations déplaisantes dont nous avons parlé plus tôt dans ce livre : reconnaissez, acceptez, avancez. De tous les exercices de TDR, c'est peut-être celui qui détient le plus grand pouvoir de susciter cette acceptation de soi. Souvenez-vous, quoi qu'il arrive, courez avec ces questions, et lâchez prise.

Questions sur les relations (2)

Dans quelle mesure vous acceptez-vous, de manière générale ?

____

____

____

____

____

____

Qu'avez-vous le plus de mal à accepter vous concernant, et pourquoi ?

Acceptez-vous plus les autres que vous-même ? Pourquoi cela, selon vous ?

Qu'avez-vous le plus de mal à accepter chez les autres ?

Diriez-vous que vous êtes certainement un être meilleur, comparable ou pire que la majorité ?

Y a-t-il un aspect de votre caractère dont vous avez très honte ? S'il en existe un, quel est le grand secret de votre caractère que vous tentez de dissimuler aux autres ?

La peur joue-t-elle un rôle important dans votre vie ? Si c'est le cas, en quels domaines ?

À quels moments de votre vie avez-vous le plus fait preuve de courage ?

De quoi avez-vous le plus besoin, venant des autres ?

Vous êtes-vous déjà confié sur les choses dont vous avez le plus besoin dans votre vie ? Sinon, pourquoi, selon vous ?

Qu'auriez-vous le plus aimé vivre dans votre vie ?

Faites-vous preuve de compassion envers vous-même – et, dans le cas contraire, pourquoi, à votre avis ?

Valorisez-vous la gentillesse ? L'êtes-vous envers vous-même ? Sinon, pourquoi ?

Nourrissez-vous des attentes exigeantes et irréalistes envers vous-même ? Si tel est le cas, pourriez-vous reconnaître cet aspect de vous-même et, ainsi, lâcher un peu prise ?

Comment avez-vous formé ces attentes ? En quoi vos parents et/ou votre enfance les ont-ils influencées ? Quelles sont les attentes les plus exigeantes que vous entretenez envers vous-même ?

Est-il réaliste d'imaginer que vous puissiez réduire ces attentes et vous accepter plutôt tel que vous êtes ?

Comment percevez-vous votre niveau de confiance en vous ? Comment le qualifieriez-vous, depuis toutes ces années ? Et qu'est-ce qui l'a le plus influencé ?

Avez-vous des sentiments de profonde inadéquation, dans certains domaines de votre vie, et, si tel est le cas, que faites-vous de ces sentiments ?

Enfant, qu'avez-vous appris, ou que vous a-t-on dit, de la manière dont vous deviez vous conduire avec vous-même ? Avez-vous été accusé d'être trop prétentieux, de trop jouer les je-sais-tout ?

Votre relation à vous-même vous rappelle-t-elle l'un de vos parents ? Pouvez-vous accepter de renoncer à une part de l'influence qu'ils ont eue sur vous ?

NOTES

EXERCICE 3 : APPROFONDIR

Cet exercice est conçu pour vous aider à explorer votre place dans la relation, à aborder plus en profondeur ce qui se passe vraiment. Attention : cela peut être très fort et très révélateur. La combinaison de ce processus avec le running peut aussi se révéler incroyablement éclairante et libératrice.

Pour le partenaire parlant

1. L'exercice d'enracinement (voir page 31) est un bon moyen de se détendre avant de commencer une conversation qui pourrait être difficile. Quand vous avez terminé, courez si vous en ressentez le besoin, ou effectuez l'exercice en position assise.

2. Formulez votre désir d'explorer tel ou tel sujet, en demandant à votre partenaire si c'est le bon moment pour lui. Usez d'un langage qui ne soit pas accusateur.

3. Une fois que votre partenaire a confirmé qu'il est prêt à écouter, commencez à lui faire part de votre ressenti.

4. Le plus important : quand vous entamez la discussion, reprenez à votre compte les réactions qui naissent en vous. Par exemple, dites : « Quand tu es en retard, j'ai l'impression que tu… », au lieu de : « Quand tu es en retard, tu me donnes l'impression que… ».

5. Quand vous décrivez votre expérience, votre partenaire ne devrait qu'écouter. L'idée est de vous donner une chance de réellement exprimer ce qui vous arrive en sachant que vous

ne serez pas interrompu et que votre partenaire vous écoutera réellement.

6. Il peut vous solliciter après plusieurs temps de silence, et vous demander si vous avez d'autres choses à ajouter sur ce sujet. Si vous vous sentez à l'aise, suivez votre intuition et approfondissez.

7. Soyez patient avec vous-même, prenez votre temps et réduisez vos exigences si nécessaire.

8. Vous avez le droit d'avoir des émotions. Ce moment vous appartient, tirez-en le maximum de bénéfices, soyez honnête, et n'ayez pas peur d'être vulnérable.
Note : Certaines démonstrations d'émotion peuvent être perçues comme excessives par d'autres et mettre un terme à la séance : songez donc à l'impact de vos actes sur votre partenaire.

9. Durant ce processus, laissez place au silence. Le silence est aussi une forme d'expression.

10. Quand vous aurez dit tout ce que vous voulez, remerciez votre partenaire de son écoute.

Vous risquez de connaître ce que Brené Brown appelle une « gueule de bois de vulnérabilité », le sentiment d'être fortement exposé et d'en avoir trop dit. Laissez de la place à ces sensations, elles sont tout à fait naturelles. Cela passera.

Pour le partenaire à l'écoute

1. L'exercice d'enracinement (voir page 31) est un agréable moyen de vous détendre avant d'aborder ce qui se révélera, le cas échéant, une conversation difficile.

2. Quand votre partenaire déclare son souhait d'explorer un sujet précis, confirmez-lui que vous êtes prêt à l'écouter.

3. Important : votre mission est simplement d'écouter. N'interrompez pas votre partenaire, ne proposez pas d'idées, n'émettez pas d'opinions, ou ne relatez pas votre propre histoire qui pourrait suspendre le flux ou détourner l'attention de votre partenaire de SON expérience.

4. Écoutez attentivement, essayez vraiment d'entendre ce que confie votre partenaire, observez les temps de silence, le choix des mots, le ton, le langage corporel…

5. Vous serez surpris de découvrir tout ce que l'autre peut avoir à confier au cours de ce processus – peu de gens se voient offrir dans leur existence une place où on les écoute vraiment.

6. Si vous entendez un propos qui vous blesse ou vous inspire un désaccord, ne vous y arrêtez pas. C'est au tour de votre partenaire de parler. Apprendre à reconnaître et à valider les expériences de l'autre, même quand elles ne cadrent pas avec notre version, est essentiel à une relation saine. Si ces propos sont très chargés d'émotions, essayez de rester ferme. Vous êtes surtout là pour écouter, pas pour réagir ou pour régler le problème.

7. Acceptez les périodes de silence… elles ont aussi leur place. Laissez-vous gagner tous les deux par le processus en cours et par le lieu. Prenez plaisir à vous asseoir, à marcher ou à courir en silence. Essayez de lâcher un peu prise et de simplement être présent face à ce qui se passe.

8. Si cela vous semble approprié, demandez à votre partenaire s'il a quelque chose à ajouter à son récit. Ce processus, que l'on appelle l'« échelonnement », l'encouragera à approfondir son expérience, en explorant des domaines très personnels, liés à son histoire.

9. Quand votre partenaire vous annonce qu'il a terminé, ne parlez pas tout de suite. Imprégnez-vous en silence de ce que vous avez entendu et prenez le temps d'y réfléchir. Souvenez-vous, c'est encore le moment de l'autre, ne le gâchez pas maintenant en vous le réappropriant.

10. Il est toujours plaisant de simplement remercier l'autre d'avoir eu le courage de se confier.

Soyez patients, justes et aimables l'un envers l'autre, tout au long de ce processus. Tenez-vous-en à ce format, qui fonctionne. Tout ne sera pas un fleuve tranquille, mais il y a beaucoup à apprendre de cette pratique. Prenez le temps de réfléchir à ce que vous avez dit ou entendu. Surtout, ne répondez pas trop vite. À l'inverse, si vous vous contentez de réagir, vous manquerez une occasion qui vous est faite et perdrez votre temps. La patience et l'humilité devraient être vos maîtres-mots – le but est d'apprendre, et non de persuader.

NOTES

LA COLÈRE

« Tu ne seras pas puni pour ta colère.
Tu seras puni par ta colère. »
Bouddha

Colère : six lettres qui, réunies, forment un mot qui détient le pouvoir d'empoisonner une vie. C'est la plus pernicieuse des influences qui, peu à peu, s'insinue dans chaque recoin de votre existence : les amants qui refusent de manifester leur affection, le patron trop critique pour qui rien n'est jamais assez bien, l'ami difficile qui est incapable d'admettre ses torts, l'enfant qui refuse de s'excuser. Chacun gère la colère à sa façon : il y a ceux qui crient et ceux qui bouillonnent de rage, ceux qui accusent et ceux qui haïssent, ceux qui exigent et ceux qui restent passifs.

Certes, nous nous mettons tous en colère de temps à autre, et c'est légitime. La vie est difficile ; avec les années, nous nous heurtons à toutes sortes de défis, émanant des sources les plus inattendues. Maladie, trahison, escroquerie… toutes sortes d'embûches peuvent se présenter à nous et faire resurgir ce qu'il y a de pire en nous, nous poussant à nous conduire d'une manière dont nous ne nous serions jamais crus capables. La déception et la désapprobation sont omniprésentes et, au moment où nous pensions avoir enfin trouvé un peu de sérénité, nos voisins empiètent sur notre espace en agrandissant leur maison.

La colère survient sous différentes formes et différents formats. Elle peut être appropriée et libératrice. Parfois, elle est instructive, elle nous souffle que nous subissons une mutation majeure dans notre vie, en nous incitant peut-être au changement. Mais elle peut aussi nous prendre par surprise et nous donner l'impression de perdre toute maîtrise. Trouver ce qui se cache sous votre espèce particulière de colère constitue la première étape pour l'assumer.

Comment savoir si la colère que vous ressentez est nuisible ? C'est simple, en réalité. Posez-vous la question suivante : *ressentez-vous* cette colère comme un problème ? Avec le temps, la plupart des individus prennent conscience du niveau de difficulté que peut engendrer leur colère – soit à travers l'affrontement qu'elle suscite, soit parce qu'elle appelle l'intervention d'un être aimé. La colère a de quoi vous ruiner la santé, les affaires et les relations. Si vous sentez que c'est chez vous un écueil, effectuez l'exercice de ce chapitre. Ces questions vous aideront à mieux connaître votre colère et à trouver un moyen de la gérer. Laissée sans intervention, la colère peut provoquer toute une série de maux à long terme, comme la dépression, l'angoisse, l'automutilation, l'addiction et la rupture de certaines relations.

LA VULNÉRABILITÉ

Fréquemment, nous choisissons la colère plutôt que la vulnérabilité, qui va de pair avec l'honnêteté. Il peut être difficile de se montrer vulnérable ; exprimer nos peurs et nos faiblesses devant les autres est risqué et douloureux. Souvent, nous apprenons ce comportement dès l'enfance et nous le reproduisons à l'âge adulte, en espérant que quelqu'un saura y voir clair et nous aidera à trouver les outils pour mieux communiquer. Ne commettez pas l'erreur de croire que votre partenaire, vos amis ou votre patron comprennent les nuances subtiles de votre comportement. Il vaut mieux être clair et direct. Ce n'est pas facile, mais avec un peu de pratique, il n'est pas difficile de devenir un meilleur communicant.

LE STRESS

Parfois, quand nous sentons que la vie est stressante, nous essayons de la contrôler davantage, créant ainsi, par inadvertance, encore plus de colère et de stress envers nous-mêmes et nos proches. Par exemple, nous nous mettons à « microgérer » ceux qui travaillent pour nous, ou nous devenons excessivement critiques envers notre partenaire et sa manière de nous aimer. Apprendre à renoncer à cette maîtrise, c'est lâcher prise sur nos fantasmes de dominer le monde et de veiller à notre sécurité. Demandez-vous pourquoi vous avez besoin de tant de sécurité, et pourquoi vous avez peur de vivre dans un monde plus spontané et plus désordonné. D'un moment à l'autre, la vie change – essayez de mieux choisir vos batailles et de vous détendre quand c'est possible. Il est vrai que c'est facile à dire, mais, là encore, c'est à votre portée avec un peu de pratique et d'engagement.

LES BESOINS INSATISFAITS

Parmi ces besoins insatisfaits, mentionnons le soin, l'attention, le respect, la sécurité, la liberté, etc. Réfléchissez : votre vie vous semble-t-elle sûre, riche et épanouissante ? Votre colère constituera éventuellement une réponse appropriée à une existence qui requiert un changement. Remarquez comment et quand vous vous mettez en colère, et demandez-vous ce que cette colère transmet, selon vous. Enfin, demandez-vous s'il y a dans votre vie des problèmes qui nécessitent d'être réglés.

UN TRAUMATISME PASSÉ

Si une blessure en vous semble être ordinairement le déclencheur de votre colère, essayez de mieux la connaître. Efforcez-vous de la traiter avec patience et compréhension. Souvent, il subsiste un enfant plein de colère en nous, qui jette ses jouets de son berceau dès que de vieilles blessures se rouvrent. Quelle que soit la source de cette blessure, manifestez un peu de soin et de considération envers vous-même. Enfin, puisez en vous un peu de compassion pour votre moi blessé – quand vous réussirez à faire cela, vous serez en mesure d'en faire autant pour les autres. Tolérer votre propre douleur vous permettra aussi de tolérer plus facilement la douleur que d'autres vous causent. Souvenez-vous, la vie est douloureuse, il vaut donc mieux développer une approche salutaire face à toute contrariété.

L'ADDICTION

Il se peut que vous deviez examiner attentivement votre mode de vie. La plupart d'entre nous contractent une addiction. La vôtre vous cause-t-elle des souffrances, à vous ou à vos proches ? Si la réponse est oui, et si, à un certain niveau, vous le savez, alors la colère est une réaction typique – surtout si d'autres exigent de vous des changements que vous répugnez à entreprendre. L'addiction est capable de revêtir de nombreuses apparences, comme le shopping en ligne, les réseaux sociaux et la pornographie, ainsi que des vices plus traditionnels comme l'abus d'alcool, de drogues et de tabac.

UNE DÉCEPTION

Un proche vous a trahi, ou votre café tarde à être servi. Petite ou grosse, la déception est inévitable dans la vie. Pour cette raison, cela vaut la peine de vous pencher sur votre relation à la déception, en général. Si chaque fois que vous vivez une telle déception, cela provoque une forte colère en vous, il n'est pas impossible que vous ayez à vous étudier de plus près. Avec de la pratique, vous distinguerez les déceptions quotidiennes qui sont inévitables – comme les trains retardés ou un mauvais service au restaurant – de celles qui sont plus rares et plus pénibles à affronter, comme l'infidélité et le deuil.

PROBLÈMES DE SANTÉ

La mauvaise santé finit par être un frein à votre énergie et à votre faculté de concentration, conduisant à un surcroît de stress et de colère. Prenez-vous soin de vous ? Une colère enfouie se vit souvent sur le mode de l'anxiété. Vous sentez-vous anxieux ou déprimé ? – ce que l'on appelle aussi de la « colère rentrée ». Il se peut que vous ayez besoin d'aller vers l'autre pour obtenir de l'aide. Vous autorisez-vous à demander de l'aide ?

La colère, cela se traite. Il y a un moyen d'être plus calme et en paix. Commencez par développer des astuces et activités qui vous détendent – distancez-vous de ces facteurs déclencheurs, faites de l'exercice, commencez le yoga ou la méditation ; faites le nécessaire pour vous retirer dans le calme, et vous serez en position d'accomplir un certain travail sur vous-même. La TDR vous fournit un moyen de brûler une partie de cette colère et de rechercher son origine. En créant une relation plus étroite avec vous-même, vous pourrez accepter ce qui vous paraissait inacceptable auparavant – que cela fasse partie de vous-même ou des autres.

Pleine conscience de la colère

La reconnaissance est le fondement de la paix qui réside au centre d'une vie en pleine conscience. Cela suppose de reconnaître ce qui se produit dans l'ici et le maintenant. Si votre colère a un rapport avec le passé, laissez-la s'écouler et n'essayez pas de la combattre – cela ne ferait que la maintenir active. Votre colère est capable de vous éclairer sur votre niveau de compassion et d'acceptation de vous-même. Tirez-en une leçon. Chaque fois qu'elle monte en vous, c'est une occasion de pratiquer votre pleine conscience et de sentir où elle vous fait mal.

Si votre colère vous semble relever du moment présent, vous devriez être en mesure de la reconnaître, avant de la laisser passer. Ce n'est qu'une émotion, une pensée de plus, qui vient et disparaît. Observez ce va-et-vient de vos émotions sans juger – avec le temps, vous vous habituerez à la sensation de recul que vous en retirerez. De la sorte, vous apprendrez à reconnaître votre colère sans qu'il y ait nécessité d'agir sur elle.

QUEL EST LE DEGRÉ DE COLÈRE ACCEPTABLE ?

C'est une question à laquelle seuls vous et votre entourage proche pouvez répondre. On peut définir une existence bien vécue comme celle qui permet une vaste palette d'émotions – joie, désespoir, colère, etc. À peu près toutes. Si vous vous sentez à l'aise avec votre colère, mais que votre partenaire l'est moins, rien ne vous empêche de lui expliquer la réflexion qui anime votre mode d'expression de vos émotions. Ce peut être une occasion de vous rapprocher de votre partenaire ou même de débloquer certaines de ses propres émotions.

En fin de compte, si vos amis, vos collègues, votre famille ou votre partenaire trouvent votre colère excessive, vous serez dès lors confronté à un choix : rester tel que vous êtes ou trouver un moyen d'introduire quelques changements. La TDR vous permet d'entrer en contact avec votre colère, afin de l'identifier, pour ensuite la canaliser et vous en défaire. Cela vous aidera à la rediriger pour en faire une qualité positive de votre vie – une source utile de lucidité, de compassion et d'énergie. Courir avec sa colère permet à la fois de la brûler et de mieux la connaître. En examinant les questions de ce chapitre (voir page 159), prenez conscience des changements d'allure pendant le running – demandez-vous ce que cela signifie pour vous. Avec mes clients, j'ai découvert que leur colère montait en eux pendant que nous courions, et subitement, leur cadence s'accélérait, parfois jusqu'au sprint. Guettez en vous les sensations de libération et d'abandon – elles sont importantes et doivent être pleinement reconnues, afin que vous puissiez mesurer votre capacité d'intervention et de traitement de votre colère.

Des recherches récentes ont confirmé le lien entre l'exercice et la diminution de la colère. Nathaniel Thom, un physiologiste du stress, explique que « l'exercice, même une simple séance, suffit à avoir un solide effet prophylactique » contre la montée de la colère. Et il ajoute : « Si vous savez que vous allez vous trouver dans une situation qui risque de vous mettre en colère, sortez d'abord courir. » En plus des effets calmants de la course à pied, la TDR propose des techniques d'enracinement pour vous aider à maîtriser vos réactions, afin que celles-ci soient plus constructives et ouvrent la voie au dialogue.

À la fin de chaque séance de TDR, prenez note de votre expérience. Vous aurez peut-être intérêt à vous servir de ce moment pour tenir un journal de vos colères, notamment des facteurs déclencheurs, du contexte, des heures où elle survient et de sa gravité. Cela vous aidera à mieux connaître votre type de colère. Quand vous serez en mesure de voir ce qui se passe en vous, vous serez mieux à même d'adapter votre comportement aux circonstances.

QUELLES ATTENTES ?

Courir avec sa colère est l'un des exercices de TDR les plus puissants auxquels vous puissiez vous livrer. Il est possible que cela vous conduise à des endroits et à des résultats inattendus. Si vous courez avec un partenaire, il est important qu'il comprenne que vous voulez avoir la liberté de vous exprimer, quel que soit le mode d'expression que la course provoque en vous. Assurez-vous qu'il soit d'accord avant de commencer, afin de ne pas avoir à réfréner ce que vous éprouvez vis-à-vis de lui. De même, si vous pensez que la course du jour risque d'être particulièrement chargée d'émotions, il est utile d'en avertir votre partenaire, afin qu'il soit préparé.

Pour certains, courir avec sa colère signifie élever la voix, pour d'autres, pousser des invectives et des cris, pleurer, sangloter, et, chez d'autres encore, cela se limitera à une prise en compte silencieuse. Cela entraînera aussi des variations erratiques de vitesses et de distances de course, tant vous serez tour à tour poussé par la colère, ou freiné quand elle vous pèsera. Quelle que soit votre expérience de ce moment, bouclez votre parcours avec courage. Cela reste un cheminement incertain et, s'il vous mène en des lieux d'inconfort, l'expérience se révélera marquante.

Souvenez-vous, à tout moment, vous détenez la maîtrise de vous-même, et si les choses vous paraissent aller trop loin, arrêtez-vous. Ou insistez. Dans les deux cas, l'observation de la relation entre le corps et les sensations fait partie de votre pratique. Notez en quoi votre colère influe sur votre fatigue et votre cadence. De la sorte, servez-vous de votre corps pour vous instruire sur votre colère. Il n'y a pas de « bonne façon de faire », tout comme vous aurez vos bons et vos mauvais jours.

Brené Brown cite un proverbe de la tribu Asaro de Papouasie-Nouvelle-Guinée : « Le savoir n'est qu'une rumeur, jusqu'à ce qu'il vive dans le muscle. » Courir dans votre colère vous aidera à mettre en lumière ce qu'il y a derrière, mais il vous faudra accumuler les kilomètres. Vous vous apercevrez peut-être qu'il y a derrière cette colère une grande tristesse. Cela peut vous mener à un déluge de larmes. La TDR extrait la vérité de votre âme. Laissez couler les larmes, c'est sans doute le moment. Sentez-vous libre de pleurer, sans retenue, jusqu'à ce que toute envie de pleurer soit passée. Fiez-vous à ce processus et à vos capacités à le mener à bien.

COMMENT LA TDR OPÈRE-T-ELLE SUR LA COLÈRE ?

La TDR traite la colère en quatre étapes.

1. Elle vous immerge dans la pleine conscience, le mouvement et le grand air. Il est prouvé que chacune de ces démarches réduit le stress et la colère.

2. Elle vous aide à explorer votre expérience de la colère, en vous aidant à identifier ce qui la déclenche et l'aggrave.

3. Elle améliore votre relation avec vous-même, en vous faisant prendre conscience de vos habitudes et de la tonalité de votre dialogue intérieur, en vous permettant de mieux vous accepter.

4. La TDR procure une sensation de complétude – en reconnaissant le travail acharné et le courage que vous avez consacré à votre parcours. La TDR vous invite à relire toutes vos notes de séances puis à écrire un compte-rendu du chemin emprunté, en remontant dans votre vie aussi loin que nécessaire. Ce processus vous aide à trouver la paix avec ce que vous avez été, à savoir où vous en êtes, et à décider ce que vous attendez de votre avenir.

QUESTIONS SUR LA COLÈRE

Les questions proposées ici sont conçues pour vous aider à explorer votre parcours, à vous sensibiliser au problème et à réduire les symptômes de votre colère. Choisissez celles qui vous semblent résonner en vous. Laissez votre intuition vous guider dans votre choix. Souvenez-vous qu'il n'y a pas de bonnes ou de mauvaises réponses. Si vous avez vos propres questions, vous pouvez aussi bien choisir de travailler avec l'une d'elles. Ajoutez-les à la liste dans l'espace prévu à la fin de ce chapitre. Commencez par le processus d'enracinement en quatre étapes exposé en détail aux pages 31-36 et continuez votre marche ou votre course avec la question de votre choix.

Si certaines de ces questions provoquent en vous des réactions de colère ou une sensation de ne pas être à la hauteur, ou si elles vous évoquent des jugements, travaillez là-dessus, mais procédez avec lenteur. C'est pour vous une occasion d'approcher des vérités pénibles sur vos besoins et votre comportement. Prenez votre temps, soyez bienveillant avec vous-même. Acceptez votre vulnérabilité comme une étape avant de la pratiquer avec les autres. Commencez par admettre ce qui se révélera éventuellement difficile à accepter. Recevez cette vulnérabilité avec compassion – c'est le meilleur moyen d'aborder la colère. Acceptez vos imperfections, ne les combattez pas.

Durant votre enfance, ou dans votre existence actuelle, aviez-vous, ou avez-vous un besoin essentiel demeuré insatisfait ? Avez-vous fait part de ce besoin à vos amis, à votre famille et/ou à votre partenaire d'une façon qui vous a été utile ?

Avez-vous vu quelqu'un profiter de vous ou vous faire subir une injustice que vous avez eu du mal à surmonter ? Conservez-vous cette douleur en vous ? Si tel est le cas, qu'est-ce que cela vous apporte de vous y accrocher de la sorte ?

À quelle fréquence sentez-vous que votre colère vous pose un problème ? Et vous est-il difficile de l'admettre ?

Quels sont les principaux déclencheurs de votre colère ? Peut-être rencontrez-vous dans votre existence des difficultés liées à l'argent, au travail, à votre vie sociale et familiale, ou au temps. Dressez-en la liste.

Vous trouvez-vous dans un cycle où vous cédez à la colère, avant de vous demander pardon ?

Dans votre corps, où ressentez-vous le plus fortement la colère ? Circule-t-elle en vous ? Si tel est le cas, dessinez les contours de votre corps et fléchez son cheminement, assorti d'un code couleur pour en traduire la profondeur. Si votre colère possède une forme ou un caractère, à quoi ressembleraient-ils ?

Avez-vous ou aviez-vous des parents autoritaires, critiques ou coléreux ? Si oui, en quoi cela vous a-t-il affecté ?

Avez-vous vécu un traumatisme pendant l'enfance (deuil, divorce, violences ou maltraitance) ? Si tel est le cas, pensez-vous comprendre l'impact que cela a pu avoir sur vous ?

Vous sentez-vous pris au piège ? Si oui, en quel sens ? Cela vous aiderait-il de le reconnaître ?

Vous sentez-vous impuissant ? Si oui, en quel sens ? Cela vous aiderait-il de le reconnaître ?

Vous sentez-vous peu remarqué et sous-estimé ? Si oui, en quel sens ?

Assumez-vous votre colère ou l'imputez-vous aux autres ? Essayez d'échanger cette formule « Tu me fais me sentir… » contre cette autre : « Je sens… » C'est une manière de reprendre vos sentiments à votre compte.

Vous sentez-vous écouté ? Respecté ? Compris ? Que pouvez-vous faire pour améliorer cela ?

Avez-vous discuté de votre colère avec votre partenaire et/ou votre famille, ou gardez-vous cela pour vous ? Vous sentez-vous capable d'en parler aux autres ? Sinon, pourquoi ?

Avez-vous demandé à vos amis et à votre famille de vous aider ou de vous faire des suggestions pour mieux gérer votre colère ?

Êtes-vous pris dans un cycle d'agression et de retrait, d'attraction et de répulsion ?

Comment les autres réagissent-ils face à votre colère ? Leur réaction correspond-elle à vos intentions ?

Pouvez-vous accepter l'idée que se mettre en colère soit un choix personnel, et que cela reste donc une option ? En fin de compte, si vous réagissez avec colère, en acceptez-vous la responsabilité ?

Quelles autres réactions aux déclencheurs de la colère seraient susceptibles de fonctionner, selon vous ?

Seriez-vous en mesure de distinguer une colère constructive/adaptée d'une colère inappropriée ?

NOTES

LA PRISE DE DÉCISION

« Nous faisons tous des choix, mais en fin de compte,
ce sont nos choix qui nous font. »
Ken Levine

En termes très simples, une décision correspond à un choix entre deux lignes de conduite possibles, ou plus. Cette définition est bien connue, mais ce qui risque d'être plus compliqué à comprendre, ce sont les forces en jeu quand le processus se complique et se prolonge. Chaque jour, nous prenons des décisions sans trop réfléchir : prendre ou non une seconde part de gâteau, regarder telle ou telle série télévisée, aller au travail à pied ou en bus. Les décisions ont tendance à se fonder sur notre intuition (un instinct viscéral sans logique claire), notre raison (à travers des faits, moins nourris par l'émotion), ou parfois sur une combinaison des deux.

Dans ce chapitre, nous allons travailler autour de deux aspects courants de la prise de décision :

- quand la plus petite prise de décision devient problématique et écrasante ;

– quand vous devez prendre une grande décision, qui aura probablement des effets durables, et que vous vous sentez perdu.

La prise de décision est un processus très personnel, influencé par des éléments tels que nos valeurs, nos besoins et notre éducation. La plupart de ces décisions, petites ou grandes, n'imposent pas de savoir traiter de gros volumes de données, mais se résument à un choix simple. Décrivant ce qu'il avait vécu dans un camp de concentration, le neurologue et psychiatre autrichien Viktor Frankl écrivait : « On peut tout enlever à un homme, sauf une chose : la dernière des libertés humaines – choisir son attitude face à n'importe quelle circonstance de l'existence, choisir sa propre voie. » Apprendre à faire valoir votre droit de faire un choix – qu'il soit bon ou mauvais – est une étape importante sur le chemin de la prise de décision.

Tout l'enjeu est ici de réussir à se comprendre et à comprendre le monde où nous vivons. Cela suppose notamment de décider quel genre de personne nous voulons être et comment nous voulons être perçus par les autres. En ce sens, c'est peut-être l'aspect le plus créatif de notre existence, une constante définition de « qui nous sommes » et de « qui nous voulons être ». Pour cette raison, la prise de décision peut susciter beaucoup d'émotions et une certaine perte d'énergie. Elle se révélera émancipatrice, donnera à réfléchir ou inspirera de la terreur. Il est important de reconnaître que ce sont là des réactions tout à fait appropriées face à une telle prise de risque.

Une part de votre parcours consistera à définir le ton et le contenu de votre dialogue intérieur lors de la prise de décision. Rejouez-vous invariablement le même disque de l'autorécrimination ? Par exemple, chaque fois que vous envisagez de quitter votre emploi qui ne vous satisfait pas, pensez-vous : « Je déteste ce métier… mais où pourrais-je aller ?… Et si c'est pire, ailleurs ?… J'ai raté des choses ici, donc je vais sans doute en rater d'autres là-bas… Au moins, ici, les gens se sont habitués à moi… J'aurais dû changer de carrière quatre ans plus tôt quand j'en avais l'occasion… J'ai eu trop peur… La vérité, c'est que je suis un lâche… Je ferais mieux de rester où je suis » ? Êtes-vous sujet aux mêmes réflexions, puis au même sentiment d'impuissance ? Même si vous ne vous en rendez pas compte, vous êtes tout aussi bloqué dans votre mode de relation à vous-même que dans votre profession. Changez cet aspect des choses et un autre monde deviendra possible.

Essayez d'écouter ce disque sempiternel avec objectivité – mieux encore, notez-le. Faites un dessin, afin de mieux visualiser cet enchaînement de pensées. Voyez si vous réussissez à identifier des emplacements de cette chaîne de questions où vous pourrez vous ressaisir – nous les appelons des « sorties ». Souvent, vous constaterez que ces points sont reliés à des douleurs et à des traumatismes passés. Reconnaître ces douleurs facilite le lâcher-prise et la rupture de la chaîne. Ces points sont parfois liés à des peurs aujourd'hui dénuées de substance. Ce processus nécessite un peu de pratique mais, avec le temps, cela devient une seconde nature. Vous aurez éventuellement envie d'adopter un mantra (voir page 40) adapté à votre chaîne de pensée afin de la rompre plus facilement – une forme de réflexion qui vous permettra de vous soustraire à son caractère cyclique.

QUELQUES PROBLÈMES LIÉS À LA PRISE DE DÉCISION

Quand chaque prise de décision devient problématique, cela renvoie souvent à un symptôme d'un autre problème sous-jacent : le manque d'estime de soi, la dépression ou l'impression que sa vie est dans une impasse. Cela peut également provenir d'une perte de confiance en votre aptitude ou en votre droit à prendre une décision. Ne pas prendre de décision sera parfois le signe d'une peur d'aller de l'avant, ou d'un refus de lâcher prise vis-à-vis de quelqu'un ou de quelque chose.

Seulement, ne pas prendre de décision est déjà une décision en soi. Quantité de moyens existent pour nous imaginer que nous n'opérons aucun choix. Par exemple, éviter de faire un choix parce qu'il vous faut la garantie que si vous choisissez X, il se produira Y – cet état d'esprit est une forme de sabotage, parce que tout choix implique une inconnue. Ainsi, supposons que vous vouliez être sûr, en épousant la personne que vous aimez, qu'elle soit présente à vos côtés jusqu'à la fin de vos jours. Une telle garantie est impossible, n'est-ce pas ? Dès lors, que se passe-t-il ? Sachant que vous n'avez pas les moyens de résoudre ce dilemme, vous tergiversez, vous vous laissez piéger par la peur, et ce faisant vous prolongez le problème.

L'expérience de certains rend compte davantage d'un état d'esprit du type « ce choix me définira », où les décisions du quotidien donnent l'impression de revêtir une importance exagérée. « Si j'achète cette voiture, les gens croiront-ils que je veux les impressionner ? » ou : « Si je porte cette chemise à mon entretien d'embauche, aurais-je l'air de quelqu'un de sérieux ou d'ennuyeux ? » En vous exerçant à la prise de décision ordinaire, la TDR peut vous aider à assouplir de telles façons de penser aussi rigides, en vous ouvrant la voie vers un mode de vie plus simple et plus instinctif.

Ensuite, il existe un autre état d'esprit, souvent lié à la perception que vous avez de vous-même – le sentiment de ne pas être capable de prendre une décision parce que vous ne savez sincèrement pas quel est le meilleur choix à faire. Cela promet quelquefois d'être une expérience de vie particulièrement inconfortable. S'améliorer sur ce plan requiert une véritable volonté de mieux se connaître et d'apprendre à écouter ce qui se passe en vous. Comme la TDR nécessite de courir « dans » ou « avec » votre décision et vous-même, c'est un bon moyen pour découvrir ce qui compte vraiment à vos yeux.

En revanche, votre manière de prendre des décisions est peut-être chaotique, ce que vous regrettez ensuite. Il est parfois normal de se tromper ; nous tirons des leçons de nos erreurs. Toutefois, si vous avez l'impression de vivre continuellement en suivant vos impulsions et en laissant des tendances capricieuses et éphémères s'imposer, vous ignorez éventuellement un malheur ou une insatisfaction plus profonds.

La prise de décision peut être imaginée comme un muscle qui a besoin d'être tonifié. Pratiquez la prise de décision par échelle d'importance. Placez en bas de l'échelle les décisions quotidiennes qui ne comptent pas réellement et exercez-vous à les prendre rapidement. Travaillez le muscle de la prise de décision et, avec le temps, vous réussirez à remonter naturellement en haut de l'échelle. En conséquence, vous gagnerez en confiance dans la prise de décision.

L'EFFET DE LA TDR SUR LA PRISE DE DÉCISION

La thérapie dynamique par le running peut vous aider à mieux prendre vos décisions car, si vous vous connaissez mieux, vous pouvez davantage vous fier à votre instinct dans la prise de décision. La TDR vous aide à mieux comprendre la relation que vous avez avec vous-même et à améliorer votre aptitude à reconnaître vos pensées et vos sentiments. Cela s'effectue partiellement à travers l'union de la pleine conscience et du running : la pleine conscience vous aide à dissiper le bruit dans votre tête et vous rapproche des vérités importantes et subtiles qui sont en vous ; courir vous aide à ramener ces mêmes instincts à la surface, en vous permettant de savoir physiquement ce qui semble bénéfique.

Dans le meilleur des cas, la prise de décision s'accomplit facilement et fonctionne bien. Toutefois, il ne saurait en être ainsi tout le temps. Selon les circonstances de la vie ou encore de votre propre connaissance de vous-même, elle risque parfois de devenir une affaire brouillonne, pleine de tensions, de peurs et d'erreurs. Si vous êtes plus compréhensif à votre égard, la TDR vous aide à tolérer et à aimer les facettes de vous-même les moins sûres. En reconnaissant votre imperfection et l'impossibilité de vivre une existence exempte d'erreurs, vous vous acceptez davantage.

L'enracinement que vous entreprenez au début de ce processus (pages 31 à 36) vous aidera à enregistrer une autre amélioration de vos compétences en matière de prise de décision. Natalia Karelaia, professeur-assistant en Sciences de la décision à l'INSEAD, en est certaine : « S'il est généralement admis que la pleine conscience aide les décideurs à trancher, on observe des preuves croissantes d'une influence positive qui va beaucoup plus loin, en influençant la manière dont les décisions sont cernées, évaluées, prises et mises en œuvre. »

La méditation de pleine conscience vous permettra de mieux comprendre vos priorités et vos valeurs et, ce faisant, il vous sera plus facile de sentir ce qui est réellement important pour vous. Elle vous fournira aussi le temps et l'espace nécessaires pour réfléchir, en vous procurant la sensation d'être au contact de vos objectifs. Cela ne surviendra pas du jour au lendemain – il vous faudra du temps pour développer cette pratique de pleine conscience –, mais si vous réussissez à y consacrer quelques minutes par jour, vous devriez rapidement constater une amélioration. Vous vous sentirez plus authentique, plus calme et plus en lien avec vous-même. C'est une merveilleuse manière d'être dans votre vie.

La pleine conscience rend le processus de décision moins traumatisant. Natalia Karelaia ajoute : « Des recherches indépendantes menées dans le cadre de notre étude ont conclu que les personnes qui sont plus en pleine conscience manifestent une tolérance accrue à l'incertitude et sont plus décidées quand elles sont face à un choix, en dépit de nombreuses inconnues. » En vous concentrant sur vos pensées dans le présent, vous vous concentrez sur ce qui doit être réalisé plutôt que sur vos soucis récents. En devenant présent à vous-même, sans vous appesantir sur le passé, vous trouvez en vous des réserves inattendues d'énergie et de liberté. Enfin, des études montrent que les personnes conscientes risquent moins de souffrir d'un écart entre l'intention et le comportement – écart entre ce que vous avez l'intention de faire et ce que vous faites réellement. En d'autres termes, grâce à la méditation de pleine conscience, vous exécuterez sans doute plus facilement votre décision après l'avoir prise.

EXERCICE : LA CLARTÉ GRÂCE AU RUNNING

Cet exercice vous permet d'explorer la décision que vous avez à prendre. Il vous y invite en impliquant votre corps et vos mouvements. En effet, intégrer l'observation des sensations corporelles dans le processus apporte une source supplémentaire d'information. En étant à la fois connecté à l'esprit et au corps, vous êtes plus clairvoyant sur la situation.

Étape 1

Commencez le processus d'enracinement de la page 31. Cela ne prend que cinq ou dix minutes et vous aidera à vous détendre et à vous inscrire dans le moment présent.

Étape 2

Marquez un temps d'arrêt, afin de cadrer mentalement la décision à prendre, puis passez en revue les questions proposées à la fin de ce chapitre – cela permettra à votre instinct de vous mener vers les questions qui vous semblent utiles. Si vous voulez courir sans vous poser aucune de ces questions et simplement voir ce qui se passe, c'est aussi possible. Ne soyez pas trop exigeant, de trop fortes attentes ne vous aideront pas – laissez-vous porter.

Étape 3

Pendant que vous courez, essayez de voir si votre rapport à la décision à prendre se modifie. Continuez de revenir à la question que vous avez choisie à l'étape 2, et courez avec jusqu'à vous y plonger. Plus vous irez loin, plus vous aurez de chances de trouver de la clarté – la voie qui s'ouvre devant vous révèle des moyens inattendus de comprendre votre décision et de vous y relier. Quand vos hormones entrent en action, qu'arrive-t-il à votre pensée ?

Étape 4

Durant la course, autorisez-vous à imaginer différentes conséquences de votre décision, en cherchant à comprendre comment celle-ci s'installe dans votre corps. Observez ce que vous apprenez de votre corps, selon que vous prenez la décision A ou la décision B.

Étape 5

Essayez de modifier votre vitesse et la distance parcourue, en remarquant l'effet de ces changements sur votre pensée et vos sentiments. Si vous vous êtes enlisé dans une ornière, vous aurez peut-être envie de vous pousser un peu plus ou d'essayer une autre question. Mais rappelez-vous, vous n'avez pas à forcer le processus.

Étape 6

Après la course, prenez note de vos pensées relatives à votre décision – comparez-les avec celles que vous aviez notées au préalable. Vos réflexions ont-elles évolué ? Vous serez surpris de constater à quel point l'exercice et le sentiment d'autonomie qui va de pair réussissent à modifier votre vision des choses. Courir avec un problème vous donne le sentiment d'être dynamique – de ne plus seulement y penser, et de tourner indéfiniment en rond, mais de l'aborder physiquement.

Étape 7

Répétez les étapes 1 à 6 jusqu'à ce que vous ayez l'impression d'avoir pris une décision. Vous aurez peut-être intérêt à relire toutes vos notes de séance avant de rédiger un bref compte-rendu de parcours. Cela contribuera le cas échéant à renforcer votre choix, en vous laissant un plus grand sentiment d'appropriation.

LA CLARTÉ PAR LE RUNNING : VOTRE EXPÉRIENCE PERSONNELLE

QUESTIONS SUR LA PRISE DE DÉCISION

Les questions suivantes sont spécifiquement conçues pour vous aider à explorer votre parcours, à vous sensibiliser au problème et à aborder la prise de décision avec une attitude confiante. Choisissez des questions qui semblent résonner en vous. Laissez votre intuition inspirer votre choix. Souvenez-vous qu'il n'y a pas de bonnes ou de mauvaises réponses. Si vous préférez vos propres questions, vous pouvez opérer avec celles-ci. Ajoutez-les à la liste dans l'espace prévu à la fin du chapitre. Commencez par le processus d'enracinement détaillé en quatre étapes aux pages 31 à 36, puis passez aux questions de votre choix.

Pour l'inaptitude à prendre des décisions au quotidien

Comment vous sentez-vous physiquement quand vous devez prendre une décision ?

____

____

____

____

____

____

____

Qu'est-ce que signifie pour vous d'être un preneur de décision ? Trouvez-vous cette idée écrasante ?

Pensez à l'une de vos connaissances, une personne que vous savez sûre d'elle. Comment la percevez-vous ? Possédez-vous certains de ses traits de caractère ?

Pensez à l'une de vos connaissances, un individu indécis. Comment le percevez-vous ? Possédez-vous certains de ses traits de caractère ?

Préféreriez-vous qu'un autre prenne la décision à votre place ? Vous sentiriez-vous mieux sans cette responsabilité ? Vous présentez-vous comme quelqu'un d'indécis ?

Votre indécision est-elle récemment devenue un problème ou avez-vous toujours été comme cela ? Si c'est nouveau, qu'est-ce qui aurait contribué au changement ? Seriez-vous en mesure d'identifier les facteurs déclencheurs ? (*Est-ce lié à un problème psychologique, comme une dépression ou une faible estime de soi, ou à un événement précis, comme un licenciement ou un deuil ?*)

Un manque de confiance vous a-t-il affecté ? Si c'est le cas, en quoi ? Avez-vous tenté une action pour y remédier ? Si c'est un problème de longue date, qui prenait les décisions quand vous étiez enfant ? Quelles en sont les retombées aujourd'hui ?

Pour les grandes décisions de la vie

Concernant cette décision que vous devez prendre, quel est votre sentiment viscéral ? Vous autorisez-vous à recourir à votre instinct dans le processus de prise de décision ?

Qu'avez-vous à perdre si vous preniez une décision à ce sujet ?

Qu'avez-vous à gagner si vous preniez une décision à ce sujet ?

Pouvez-vous vous permettre de prolonger ce dilemme ? Est-ce le bon moment pour prendre cette décision ? Qu'arrive-t-il si vous n'arrêtez aucune décision ?

Cela vous aiderait-il d'engager une dynamique en prenant de toutes petites décisions sans conséquence, et en les prenant rapidement, afin de gagner en confiance en vous ?

Pouvez-vous vous permettre de prendre cette décision en matière de finances, de temps, d'énergie, d'engagement et/ou d'émotions ? Sinon, quels choix avez-vous ?

Questions exploratoires générales

Quand vous essayez de prendre des décisions, un « disque » repasse-t-il sans cesse dans votre tête ? À quoi ressemble-t-il ? Écrivez une transcription de ce disque et voyez si vous pouvez identifier une « sortie » – un point à partir duquel vous pourriez cesser de tourner en rond.

Cette absence de prise de décision vous procure-t-elle ce que vous voulez ? Cela vous aide-t-il ou vous entrave-t-il ?

Estimez-vous connaître la différence entre « vouloir » et « devoir » ? Le « devoir » est souvent dérivé de messages parentaux, de règles culturelles et de l'opinion des autres ; tandis que le « vouloir » est davantage fondé sur la conscience de vos goûts, de vos talents, de vos désirs, de vos valeurs et de vos intérêts.

Avez-vous le sentiment écrasant que quelque chose ne va pas et vous empêche d'effectuer les changements nécessaires ? Qu'est-ce que cela pourrait être ?

À quelle fréquence écoutez-vous votre voix intérieure et vous laissez-vous guider vers une décision ? Avez-vous parfois l'impression d'être trop englué dans les questions pratiques pour laisser la parole à vos émotions ?

Laissez-vous vos pulsions et vos coups de tête dominer votre mode de prise de décision, en acceptant spontanément des choses qui ne vous conviennent pas, que vous ne pouvez vous permettre ou même dont vous ne voulez pas ? Si tel est le cas, selon vous, de quoi s'agit-il ?

NOTES

PARENTS ET ENFANTS

« Connaissant les arbres, je saisis le sens de la patience.
Connaissant l'herbe, je puis apprécier l'insistance. »
Hal Borland

L'exercice, et en particulier la course, est un moyen idéal d'améliorer la relation que vous entretenez avec vos enfants et de les aider à franchir des étapes souvent épineuses de leur jeune existence. La thérapie dynamique par le running est une activité amusante et pleine de sens à partager avec vos enfants, car elle vous donne à tous l'occasion de discuter de sujets qu'on n'a pas l'habitude d'aborder dans le quotidien. Le running présente de nombreux avantages, notamment parce qu'il sert en quelque sorte de distraction, en aidant les enfants à rester concentrés et à s'ouvrir. Les enfants sont aussi souvent très excités de courir avec des adultes – ils sont positifs et confiants dès le départ. Vous trouverez plus bas des conseils pour inciter les coureurs les plus réticents à se lancer.

La nature vous fournit l'espace idéal pour vous rapprocher, les enfants ayant une affinité particulière avec le grand air. C'est un environnement ouvert qui facilite grandement le partage et le lien avec vos enfants. Malheureusement, aujourd'hui, les petits et les jeunes n'ont pas suffisamment accès aux parcs, aux champs et aux forêts. Richard Louv, auteur de *Last Child in the Woods*[1], a introduit la formule du « trouble du déficit de nature », de façon à définir le fossé croissant entre la nature et les enfants. Il est de notre responsabilité de combler ce fossé, de leur faire découvrir les merveilles du dehors pour que les richesses qu'ils ont en eux trouvent un espace approprié où s'exprimer et entrer en jeu.

Le fait d'être dehors et de vivre chaque fois une sorte d'aventure les enracine et se révèle bénéfique pour leur esprit. Les enfants ont besoin d'apprendre à être autonomes : de connaître par eux-mêmes l'itinéraire d'un point A à un point B et de développer des ressources s'ils se perdent en forêt. Ainsi, leur indépendance, leur curiosité et, surtout, leur capacité de résilience s'en verront renforcées pour le reste de leur vie.

La plupart des parents n'auront nul besoin qu'on leur souligne l'impact qu'exercent les appareils électroniques sur leurs enfants, et sur la famille dans son ensemble. Ils ont vécu aux premières loges les disputes et les larmes que provoquent ces jeux. À l'heure où nos intérieurs sont envahis d'appareils électroniques, ce n'est pas seulement la planète qui perd sa biodiversité, mais aussi nos enfants. Alors que leur vie, mais aussi la vôtre, devient de plus en plus high-tech, il est essentiel de restaurer un équilibre naturel. Après tout, une bonne part de l'actuelle épidémie d'anxiété est une conséquence directe de ces vies vécues dans le déséquilibre.

1. *Le Dernier Enfant dans les bois.*

LE DÉFI QUI NOUS ATTEND

Au début, certains enfants, en particulier ceux qui ne sont pas en bonne forme physique ou qui ne sont pas sûrs d'eux, risquent d'avoir des difficultés. Ce sont eux qui ont le plus à gagner de ce processus. Vous trouverez plus bas des indications pour rendre plus amusants ces exercices à faire ensemble. Avec le temps, la majorité des enfants finira par apprécier le grand air, les espaces verts et la proximité que favorise le simple fait d'être à vos côtés.

D'autres enfants détesteront cet exercice ou trouveront l'idée de passer du temps avec vous « pas cool » du tout. Pour cette raison, je suggère d'adapter votre démarche à votre enfant – commencez lentement, rendez la chose amusante, jouez à l'un des jeux de balle mentionnés ci-dessous, pour que ce soit divertissant pour lui. Vous aurez éventuellement envie d'emmener le chien, si vous en avez un, ou de commencer par marcher au lieu de courir. Trouvez ce qui convient le mieux à votre enfant.

Conseils pour le coureur réticent

- Utilisez une application de running pour mesurer votre parcours et essayer de vous surpasser, d'une simple foulée ou d'une minute à chaque fois.
- Jouez à un jeu de « comptage » : voyez qui réussit à compter le plus de chiens, de chênes, de pies, etc. Dressez la liste de ce qui vous saute aux yeux.

- Voyez combien d'autres coureurs vous réussirez à saluer et quel style de réponse vous recevez.
- Jouez à des devinettes.
- Alternez les espaces verts où vous vous rendez – si le parc est votre terrain de running habituel, optez pour un bois.

COMMENT FONCTIONNE LA TDR AVEC VOTRE ENFANT

La TDR est un moyen efficace et agréable d'aider votre enfant à apprécier ce que la nature peut lui offrir. Elle le fait grâce à la mise en lien, à la biologie naturelle et à un environnement qui demeure toujours accessible. Que vous couriez dans l'allée surpeuplée d'un parc ou en pleine campagne, ce temps que vous allez consacrer à vos enfants est inestimable, et les bienfaits quasi infinis.

Quand vous leur ouvrirez votre monde adulte du running, les enfants réagiront souvent à cette invitation en vous ouvrant aussi leur monde. Votre enfant trouvera dans ce moment privilégié, cette expérience partagée avec vous seul, une incroyable source de lien. Associez cela à la fierté et au sentiment d'accomplissement que lui inspire le fait de réussir à soutenir votre allure et/ou d'atteindre certains objectifs, et vous découvrirez un enfant revigoré et motivé.

Ensemble, vous profiterez de flux d'hormones comme les endorphines, l'adrénaline et l'ocytocine, resserrant le lien entre vous (l'ocytocine, en particulier, facilite l'intimité). Mais c'est le temps qui fera la plus grande différence – c'est le plus beau cadeau que vous puissiez faire à votre enfant. Quand il vous verra lui consacrer du temps, cela créera en lui un sentiment de confiance et de proximité, et c'est dans cet espace que les enfants trouvent la sécurité et l'acceptation de soi.

COURIR ENSEMBLE

Quand vous proposez à votre enfant de courir, ne surchargez pas votre descriptif de détails, afin de ne pas créer une pression inutile et intimidante. Il vaut mieux simplement dire que vous avez envie d'essayer quelque chose d'amusant avec lui. Et attention – il risque aussi d'attendre de vous que vous répondiez à quelques questions ! Voici une suggestion de séquence que vous pourriez suivre :

1. Si vous sentez que cela peut convenir à votre enfant et que le jour est bien choisi, guidez-le dans le processus d'enracinement des pages 31 à 36. Cela l'aidera à s'ancrer dans le présent. Certains enfants pourront trouver cela ennuyeux, mais le processus de pleine conscience leur sera peut-être familier, grâce à l'école, et cela vous offrira éventuellement l'occasion de vous détendre ensemble. La question de la « préparation » (page 35) peut aussi les encourager à soulever des questions perturbantes, surtout parce qu'ils seront plus détendus.

2. Demandez à votre enfant s'il se sent prêt à commencer.

3. Une fois qu'il est prêt, demandez-lui s'il préfère marcher ou courir.

4. À moins d'avoir précisé un sujet spécifique dont il aurait envie de discuter, laissez la conversation se dérouler naturellement. Après quelques parcours de running ensemble, la séance possédera un caractère et une vie propres. Vous serez surpris de la direction que prendra la conversation, et du degré de sincérité de vos échanges. Il est inutile de contrôler le processus, laissez-le simplement se produire.

5. Si cela vous semble approprié ou important, posez-lui une question qui figure dans la liste de la page suivante. Demandez-lui si c'est un sujet dont il aimerait discuter. Vous aurez peut-être intérêt à en convenir à l'avance.

6. Écoutez attentivement ce qu'il dit ; ainsi, vous saurez ce qu'il ressent réellement.

7. Selon les sujets que vous abordez, remarquez les changements dans sa respiration et sa vitesse de course. Parfois, il est utile de le lui faire observer.

8. Si vous voulez en savoir plus, appliquez la technique de l'échelonnement, mais montrez-vous aimable et patient. Souvent, la dynamique créée par le fait de courir ensemble suffira à alimenter le sujet.

9. N'attendez pas de résultats immédiats. Soyez modéré dans vos attentes, mais soyez entièrement présent. Régalez-vous.

10. Terminez la session par un joli geste – un baiser, un compliment, ce qui vous semble tomber juste.

QUESTIONS POUR VOUS ET VOTRE ENFANT

- Qui respectez-vous le plus au monde et pourquoi ?
- Qu'est-ce qui vous effraie dans la vie et pourquoi ?
- Qu'est-ce que tu apprécierais le plus, venant de tes parents ?
- Si vous pouviez faire tout ce que vous vouliez de votre journée, qu'est-ce que ce serait ?
- Que signifie le mot « compassion » pour vous ? Quand avez-vous vu ce mot ou ressenti la chose pour la dernière fois ?
- Connaissez-vous des gens parfaits ?
- Si vous n'aviez jamais vu la nature auparavant, quel individu seriez-vous ?
- Si on vous annonçait que vous ne la reverrez jamais, que ressentiriez-vous ?
- Avez-vous déjà dû pardonner à quelqu'un ? Quel effet cela vous a-t-il fait ?
- Quel effet cela vous a-t-il fait quand quelqu'un vous a pardonné ?
- Que rêves-tu d'être quand tu auras grandi ? Comment pourras-tu réaliser ton rêve ?
- Quand vous êtes-vous montré courageux ou brave, et pourquoi ? Quel effet cela vous a-t-il fait ?
- Pensez-vous pouvoir être courageux tout en ayant peur ?

- À quelle occasion vous sentez-vous le plus confiant et quel effet cela vous fait-il ?
- Que diriez-vous à quelqu'un qui n'a pas confiance en lui ?
- Quand vous êtes-vous senti seul pour la dernière fois ? Comment avez-vous surmonté la chose ?
- Que ressentez-vous quand vous êtes gentil avec quelqu'un, et pourquoi ?
- Quand vous êtes-vous montré aimable avec quelqu'un que vous ne connaissiez pas ? Que s'est-il passé ?
- Parfois, nous ne savons pas quoi dire à un ami qui est triste – quels autres moyens avez-vous de montrer à l'autre que cela vous touche ?
- Y a-t-il un propos que vous souhaitez tenir à quelqu'un, mais qui vous paraît difficile à dire ?

QUESTIONS GÉNÉRALES POUR VOTRE ENFANT

- Qu'est-ce qui te rend le plus heureux ?
- Quel est ton sentiment préféré et quel est le pire ?
- S'il y avait un moyen de rendre tout facile dans la vie, t'en servirais-tu ?
- Si tu pouvais être plus courageux dans un domaine de ton existence, lequel serait-ce ?
- La vie serait-elle plus facile si tu pouvais accepter tes défauts et ceux des autres ?

QUESTIONS POUR VOTRE ENFANT AU SUJET DE L'ÉCOLE

- Aujourd'hui, à l'école, qu'as-tu appris d'intéressant ? Pourquoi cela t'a-t-il intéressé ?
- Qui n'aimes-tu pas à l'école ? Pourquoi ?
- À quoi s'intéressent les enfants de l'école, en ce moment ?
- Qui vit une période difficile, à l'école ? Que ressent ce camarade et quelqu'un l'aide-t-il ?
- Que ressens-tu quand d'autres enfants sont méchants avec toi ?
- Te sens-tu obligé d'être parfait ? Un ami parfait, bon en sport, qui réussit ses examens, apprécié et séduisant ? La perfection existe-t-elle réellement ?
- Qui sont tes amis les plus proches ? Qu'est-ce que tu apprécies chez eux ?
- Que trouves-tu facile à l'école ? Que trouves-tu difficile ?
- T'es-tu senti en colère, triste ou frustré, récemment ? Selon toi, que ressentent les autres quand tu es en colère, triste ou frustré ? Crois-tu que les autres éprouvent souvent ces émotions ?
- À ton avis, que ressentent tes copains à ton sujet ?

RUNNING EMPATHIQUE

Un running empathique est un bref exercice spécifiquement conçu pour stimuler l'empathie chez les enfants. Il existe un programme pour l'école et un autre pour les parents avec leurs enfants. À travers un processus de questions, de réponses et un résumé, ces runnings visent à accroître le niveau d'empathie chez les enfants.

QU'EST-CE QUE L'EMPATHIE, ET POURQUOI EST-CE SI IMPORTANT ?

Roman Krznaric, penseur des schémas socioculturels et membre fondateur de *The School of Life* (L'École de la vie), définit l'empathie comme « l'art d'enfiler par l'imagination les chaussures de l'autre, de comprendre ses sentiments et ses points de vue, et d'utiliser cette compréhension pour vous guider dans vos actions ». Nous sommes tous des êtres empathiques, n'est-ce pas ? Dès lors, où est le problème ? Des recherches menées à l'université du Michigan attestent d'un déclin spectaculaire de l'empathie chez les étudiants, ces trente dernières années, avec une accélération de la courbe pendant la dernière décennie. Des psychologues, des parents et des enseignants signalent cette crise d'empathie, et pas seulement chez les jeunes. Personne ne sait vraiment ce qui alimente ce changement si frappant : ce pourrait être l'abus de technologie et de jeux électroniques, les réseaux d'amis superficiels, la participation de plus en plus limitée aux clubs et autres organisations sociales, ou une dizaine d'autres hypothèses. Tout le monde est généralement trop occupé pour prendre le temps de s'asseoir et de consacrer un moment aux autres et, quand on le fait, la rencontre est brève et met souvent en jeu des appareils électroniques. Les enfants ne sont pas plus sages, puisqu'ils apprennent ce comportement de leurs parents.

La bonne nouvelle, c'est que les chercheurs de l'université du Michigan considèrent l'empathie comme un phénomène d'une grande fluidité, ce qui signifie qu'elle a le potentiel de croître aussi facilement qu'elle décroît. La TDR propose des exercices qui vous aident donc à développer cette empathie chez votre enfant, ainsi que votre relation avec lui, mais ne vous y trompez pas : l'agent du changement le plus déterminant reste votre propre comportement. Ce que les enfants attendent de leurs parents, c'est une authentique attention, empreinte de patience. Quelques questions rapides et superficielles ne suffisent pas à les attirer loin du jeu électronique ou à leur apprendre les joies de la vraie conversation. Les questions qui suivent vous aideront à vous rapprocher de votre enfant et à mieux le connaître.

POURQUOI LE RUNNING EMPATHIQUE EST-IL IMPORTANT ?

L'esprit « copain » qui naîtra entre vous et votre enfant lors de ces séances de running aidera ce dernier à partager des sujets perturbants comme le harcèlement scolaire, les premières sorties avec les filles, le sentiment d'être trop grand, trop petit, trop peu séduisant, de ne pas faire partie des enfants cool, ou encore des sujets plus généraux, qui ne le concernent pas directement. Ces questions, qui sont rarement abordées et peuvent devenir autant de problèmes dans le développement de l'enfant, ont une chance d'être exprimées et partagées. Votre enfant a enfin une occasion de se comprendre de manière bien réelle, avec toutes ses imperfections, et non plus en étant envahi par le fantasme, l'envie ou le regret.

Le processus du running empathique en milieu scolaire est soigneusement conçu pour améliorer les relations et la communication entre les enfants, en les formant à cette pratique de la curiosité et d'une « écoute intégrale ». Courir en parlant contribue à distraire les enfants des réticences et des idées préconçues que peut leur inspirer cet exercice, en les aidant à lâcher prise et à s'amuser. Cela ajoute simultanément une dimension dynamique au processus, en attirant les enfants vers le sujet du jour.

Vous trouverez dans ces pages plusieurs thèmes à explorer lors de ces running empathiques. Cette liste vous aidera à enseigner à votre enfant à poser des questions et à écouter les réponses – donc à manifester de l'empathie. Vous pouvez pratiquer cet exercice avec vos enfants, mais avec une pratique régulière, ils pourront ensuite se passer de vous et s'exercer entre eux.

LE PROCESSUS

Ces running empathiques comprennent une série de questions-réponses menée durant une brève séance de course à pied. Les enfants peuvent être associés à un parent, à un frère ou une sœur à un autre membre de la famille, mais cela fonctionne aussi particulièrement bien au sein d'un environnement scolaire composé d'autres élèves. À l'école, les enfants peuvent soit boucler des tours d'un terrain de sport, soit suivre un itinéraire signalisé dans l'enceinte de l'établissement. Ils expérimentent le fait de « mettre un pied dans la vie des autres » – ne serait-ce que quelques minutes. Le processus leur révèle leurs aptitudes et leur intérêt à entrer en relation avec les autres. Quand ils échangent leur rôle, entre partenaire écoutant et partenaire parlant, ils sont souvent surpris par leurs découvertes, et c'est à travers ces moments-là que se développe une plus grande empathie.

Le programme de running en milieu scolaire se déroule de la façon suivante : les camarades de classe sont regroupés deux par deux, et chaque groupe reçoit un sujet de la liste (ci-après) sur lequel se concentrer. Chaque semaine, un thème choisi par l'enseignant est exploré : semaine 1, les amitiés ; semaine 2, le bonheur ; semaine 3, la colère et la tristesse, etc. L'enseignant ou l'adulte « invité » introduit le sujet choisi, en énonçant le contexte et l'intérêt de l'exercice.

Une fois qu'ils ont discuté du sujet choisi, les enfants partenaires se lancent dans leur parcours de running et posent les questions de la liste en lien avec le sujet. Ils peuvent s'éloigner de la liste, à condition qu'ils réfléchissent attentivement au thème qui leur a été assigné. Après le parcours, ils rejoignent la classe ; le partenaire écoutant livre un résumé de ce qu'il a entendu et chaque partenaire partage ensuite avec l'autre ce que cette expérience lui a inspiré.

Les enfants échangent continuellement leurs rôles de partenaire parlant à partenaire écoutant, c'est pourquoi, à la fin du trimestre, ils auront tous eu l'occasion de se fréquenter et ainsi de mieux se connaître. Une étude de trois ans du gouvernement canadien sur la formation à l'empathie pour les enfants a démontré que celle-ci débouchait sur un comportement « prosocial » plus marqué – les enfants étaient davantage dans le partage et étaient plus à même d'aider leurs camarades – ainsi que sur de meilleures notes, en réduisant le harcèlement, en améliorant le niveau de concentration en classe et les relations entre les élèves et leurs parents.

SUJETS À EXPLORER

Apprendre

- Qu'est-ce que tu aimes le mieux à l'école en ce moment ?
- Trouves-tu certains cours difficiles ?
- Comment te sens-tu quand tu ne comprends pas quelque chose ?
- As-tu assez confiance en toi pour dire que tu ne comprends pas quelque chose en classe ?
- Si tu n'allais pas à l'école, serais-tu quand même capable d'apprendre des choses ?
- Penses-tu que les adultes continuent d'apprendre ?
- Quelle est la meilleure chose que tu aies jamais apprise ?

Amitiés

- Qu'est-ce qui fait un bon ami ?
- Qu'apprécies-tu chez tes amis ?
- Penses-tu être un bon ami ? Pourquoi ?
- Tes amis te rendent-ils triste parfois ?

- Penses-tu qu'un camarade se sente seul en classe ?
- Comment pourrais-tu faire en sorte qu'un ami se sente mieux, sans recourir à des mots ?
- Penses-tu que tout le monde ait des amis ?

Émotions

- Quelle est ton émotion préférée ?
- Quelle émotion ressens-tu presque tous les jours ?
- Quelle émotion aimerais-tu ressentir davantage ?
- Tes émotions te troublent-elles parfois ?
- Penses-tu que les adultes ressentent les mêmes émotions que les enfants ?
- Penses-tu pouvoir éprouver plusieurs émotions en même temps ?
- Penses-tu que les filles aient les mêmes émotions que les garçons ?

Courage

- Est-ce que tu as peur parfois ?
- Quand as-tu eu peur pour la dernière fois ? Comment te sentais-tu ?
- Que fais-tu pour aller mieux quand tu as peur ?
- Penses-tu que les adultes aient peur ?
- Quand as-tu fait preuve de courage pour la dernière fois ?
- Penses-tu que l'on puisse à la fois avoir peur et être courageux ?

Bonheur

- À quoi ressemble le bonheur ?
- Qu'est-ce qui te rend heureux ?
- Penses-tu que tu pourrais ressentir du bonheur si la tristesse n'existait pas ?
- Penses-tu que tu réussirais à être heureux si tu n'avais pas de maison où habiter ?
- Qui aimerais-tu rendre heureux ?
- Comment ferais-tu pour rendre quelqu'un plus heureux s'il était triste ?
- Qu'est-ce qui te rend plus heureux quand tu es triste ?

Gentillesse

- Quelle est la chose la plus gentille que quelqu'un ait faite pour toi ?
- Quelle est la chose la plus gentille que tu aies jamais faite pour quelqu'un ?
- Comment te sens-tu quand tu es gentil ?
- Es-tu gentil avec des gens que tu ne connais pas ?
- Es-tu parfois méchant ?
- Quand as-tu pardonné à quelqu'un pour la dernière fois ? Était-ce difficile ?
- Quand tu pardonnes à quelqu'un, comment te sens-tu après ?

Patience et compassion

- Qu'est-ce que la patience ?
- Penses-tu être patient ?
- Quand es-tu impatient ?
- Comment te sens-tu quand quelqu'un est impatient avec toi ?
- Que signifie la compassion pour toi ?
- Crois-tu important d'avoir de la compassion ? Pourquoi ?
- Si tu n'avais pas de compassion, pourrais-tu quand même être gentil ?

Colère et tristesse

- Es-tu parfois en colère ?
- Quand t'es-tu mis en colère pour la dernière fois ?
- Quand t'es-tu senti triste pour la dernière fois ?
- La dernière fois que tu étais en colère ou triste, grâce à quoi t'es-tu senti mieux ? Quelqu'un t'a-t-il aidé ?
- D'après toi, que ressentent tes amis quand tu es en colère ou triste ?
- À quoi penses-tu quand tu es triste ?
- Est-ce toujours la même chose qui te rend triste ou te met en colère ?

Confiance

- Qu'est-ce que la confiance ?
- À l'école, te sens-tu confiant ?
- Où te sens-tu le plus confiant ?
- Quand tu n'as pas confiance en toi, comment te sens-tu ?
- Penses-tu avoir besoin de te sentir tout le temps confiant ?
- Penses-tu que les adultes aient tout le temps confiance en eux, ou seulement de façon occasionnelle ?
- Comment pourrais-tu aider quelqu'un à se sentir plus confiant ?

La nature et le monde autour de nous

- Penses-tu que les enfants d'autres régions du monde se sentent heureux ?
- De quoi une personne a-t-elle besoin pour être heureuse dans ce monde ?
- Qu'est-ce que tu aimes quand tu es dehors ?
- Si tu n'avais jamais vu la campagne/la mer, serais-tu différent ? En quoi ?
- Si tu pouvais montrer à quelqu'un quelque chose à l'extérieur, qu'est-ce que ce serait ?
- S'il te restait une journée sur cette planète, que ferais-tu ?

NOTES

COURIR EN PLEINE CONSCIENCE

« Le corps profite du mouvement,
et l'esprit profite de l'immobilité. »
Sakyong Mipham Rinpoché

Comme le savent tous les coureurs, courir est une activité hautement gratifiante. Parmi ses bienfaits, mentionnons quelques enrichissements du corps et de l'esprit. En outre, les personnes qui courent jouissent souvent d'une plus grande concentration et d'une plus belle énergie. D'autres évoquent une ouverture d'esprit inédite ou une spontanéité accrue. Il existe de nombreux exemples où la thérapie dynamique par le running parvient à amplifier cette incroyable énergie, vous aide à courir plus loin et plus vite, et à en tirer le maximum.

Pour ceux d'entre vous qui sont déjà des coureurs, la TDR peut accroître le plaisir et les bienfaits que vous retirez du running. Les exercices variés de running en pleine conscience exposés dans ce chapitre, tout en étant similaires aux autres exercices de cet ouvrage, ne visent à traiter aucune maladie ou aucun problème en particulier. Ils vous aideront plutôt à tirer le maximum de votre séance, en améliorant votre rapport à vous-même et votre environnement.

Ces exercices sont simples – une variété de running en pleine conscience qui vous relie à l'endroit où vous êtes et à la personne que vous êtes. « Quand la pleine conscience est appliquée au sport, elle conduit l'esprit et le corps vers une sorte d'unité », explique Jon Kabat-Zinn. Les exercices de running en pleine conscience contenus dans ce chapitre vous aideront à atteindre cet état de fluidité qui rendra votre parcours de running naturel, plaisant et facile. Pour nombre d'entre nous, les efforts consentis pour améliorer leur running restent mentaux, une voix intérieure nous répétant sans cesse que nous sommes fatigués, incapables de continuer et que nous devrions sans doute faire demi-tour et rentrer chez nous. Le running en pleine conscience vous aide à faire taire cette voix, à vous mettre en contact avec votre corps et votre environnement. Kabat-Zinn ajoute : « Courir s'accomplit respiration après respiration, foulée après foulée, moment après moment. […] Le running comporte ses propres éléments méditatifs apaisants et clarificateurs intégrés. »

Le running en pleine conscience renforce votre confiance en vous, en vos performances et en vos capacités. Si ces exercices sont simples, les résultats sont profonds – une force et une concentration mentales accrues que vous aurez ensuite l'occasion d'utiliser dans votre existence quotidienne. De la sorte, les leçons que nous apprenons en allant courir sont souvent appliquées à la vie même, en dehors de nos séances d'entraînement. Trouver l'énergie de faire quelques foulées supplémentaires et de pousser jusqu'en haut de cette côte, ou encore savourer une descente fluide en pente douce peuvent devenir des métaphores de la manière dont nous envisageons les hauts et les bas de la vie.

En mettant l'accent sur la respiration, le running en pleine conscience vous aide à échapper aux pensées négatives susceptibles de vous ralentir. « L'esprit lutte moins et, dès lors, le corps devient plus efficace », explique Sakyong Mipham Rinpoché, éminent moine bouddhiste de la lignée Shambhala et marathonien. Une part importante de la TDR consiste à prendre conscience de ses pensées intérieures et à les laisser s'écouler, en sachant distinguer la pensée passagère de la réelle sensation. C'est par la réduction ou la limitation de la négativité du dialogue intérieur que l'on obtiendra une véritable amélioration des performances.

La réduction des blessures est un autre avantage du running en pleine conscience. « Vous savez quand vous avez la latitude de vous pousser et quand il vous faut ralentir. Beaucoup de coureurs le savent déjà, mais ils n'en ont pas pleinement conscience et n'y prêtent pas attention », souligne George Mumford, psychologue sportif réputé, qui enseigne les techniques de la pleine conscience à des sportifs professionnels comme l'équipe de basket-ball des Chicago Bulls. La conscience de votre respiration et de vos sensations corporelles étant au centre du running en pleine conscience, vous remarquez les besoins de votre corps et réagissez plus rapidement à ses signaux.

Rien ne laisse entendre que ce running en pleine conscience devrait devenir votre seule manière de courir. Considérez-la plutôt comme une forme de mélange, une approche différente de votre running habituel et une nouvelle façon de commencer la journée. Et s'il est des circonstances où vous êtes particulièrement stressé ou si vous sentez que la vie vous pèse, vous y trouverez peut-être le moyen idéal de vous détendre et de lâcher prise.

Souvenez-vous que, si le running en pleine conscience requiert de la pratique, cette approche n'est pas censée devenir un fardeau ou un défi trop dur à mener. Si vous vous poussez dans le seul but de devenir le meilleur de tous à cet exercice, pour apprendre vite et parfaitement, vous faites fausse route. Accordez-vous le temps de trouver le chemin qui vous est propre – il est différent pour chacun. Vous risqueriez de vous heurter à des formes de résistance inattendues, et notamment le bruit qui règne dans une tête trop chargée. Notez cette résistance, laissez-la passer, et continuez d'avancer. Vous ne vous assignez aucun but. Vous ne visez pas la transcendance, vous vous contentez de lâcher prise, de vous vider l'esprit de ce qui l'encombre, afin de réussir à habiter le moment présent – *votre* moment présent.

PRÉPARER UNE COURSE EN PLEINE CONSCIENCE

Pour vos premières courses/marches en pleine conscience, choisissez un itinéraire qui vous est familier, afin de vous libérer de toute inquiétude concernant la distance à parcourir ou le chemin à emprunter.

Pour commencer, peut-être aurez-vous simplement envie d'ajouter une ou deux minutes de course en pleine conscience à votre parcours habituel. Suivez les exercices ci-dessous et augmentez peu à peu le temps que vous y consacrez. Avant d'aborder la course en pleine conscience, vous préférerez peut-être attendre de vous être convenablement lancé – certaines personnes ont du mal à passer, sans transition, à la course en pleine conscience, et vous devrez donc opter pour ce qui vous convient. Comme en toute chose, vous vous améliorerez avec le temps. Soyez patient. Prenez-y du plaisir. Si vous avez du mal ou si vous devez lutter, essayez simplement de lâcher prise. Est-ce si difficile ?

EXERCICE DE COURSE EN PLEINE CONSCIENCE

Selon votre humeur et le temps dont vous disposez, vous aurez peut-être envie de commencer votre course en pleine conscience par le processus d'enracinement (voir pages 31 à 36) – cela peut réellement enrichir l'exercice. Notez que vous n'aurez pas besoin d'effectuer la quatrième étape du processus d'enracinement, puisque vous courez sans objectif ou sans sujet à explorer.

1. Une fois que vous vous êtes lancé, adoptez une allure confortable. Celle-ci peut varier selon les jours, en fonction de votre humeur.

2. Accordez-vous quelques instants pour prendre conscience du temps qu'il fait et de votre environnement. Imprégnez votre esprit des couleurs, des odeurs et des formes autour de vous.

3. Quand vous aurez pris votre élan, rappelez-vous votre intention de courir en pleine conscience.

4. Lorsque vous êtes prêt, choisissez un pied d'appel, celui qui vous convient le mieux, et comptez toutes les fois qu'il touche le sol. N'oubliez pas : un pied seulement, et le même à chaque fois.

5. Comptez dix pas, en recommençant la série quand vous avez terminé. Continuez ainsi.

6. Quand des pensées invasives ou inutiles vous viennent à l'esprit, contentez-vous d'enregistrer leur présence et laissez-les s'écouler, en vous concentrant de nouveau sur votre course en pleine conscience.

7. Si ces pensées reviennent, laissez-les de nouveau s'écouler. Vous familiariser avec la course en pleine conscience vous prendra peut-être du temps, et, certains jours seront plus difficiles que d'autres.

8. Si ces pensées vous soufflent que vous êtes incapable de continuer, demandez-vous si elles surgissent de votre esprit ou de votre corps. Si elles émanent de votre esprit, ce sont de simples pensées, et nullement la vérité. Ne les retenez pas.

9. Quand vous accédez enfin à une zone où le monde s'efface et où il n'y a plus que vous et vos foulées, c'est que vous êtes dans le bon flux.

10. Si vous voulez mélanger les genres, vous pouvez compter vos respirations plutôt que vos foulées. Prenez conscience de

la plénitude de votre souffle. Puisez du plaisir dans cette sensation de vous remplir et de vous vider les poumons.

Variation 1

1. Répétez les étapes 1 à 3, ci-dessus.

2. Quand vous êtes prêt, concentrez-vous sur toutes les sensations qui vous traversent. Commencez par votre corps – sentez réellement le poids de votre talon quand il touche le sol. Sentez la brise dans votre cou ou quand elle effleure votre front moite de transpiration. Remarquez la manière dont le tissu de votre tenue de running bouge à chaque foulée et la sensation de ce contact contre votre corps. Continuez avec vos autres sens. L'enjeu de cet exercice est de vous rendre présent à votre corps et à ses sensations.

3. Dès que des pensées invasives ou inutiles vous viennent, admettez-les et laissez-les passer avant d'en revenir à votre course en pleine conscience. Vous ne devez avoir que vos sensations à l'esprit.

Variation 2

1. Répétez les étapes 1 à 3, comme précédemment.

2. Quand vous commencez à courir, observez encore plus attentivement votre environnement. Imprégnez-vous, *vraiment*, en détail, de ce qui vous entoure. Cela peut être le chemin devant vous ou les arbres et les fleurs tout autour. Faites-en votre pratique de course en pleine conscience. Ne

faites qu'un avec votre environnement. L'enjeu de cet exercice consiste à accentuer vos perceptions et à vous imprégner autant que possible de votre environnement.

3. Dès que des pensées invasives ou inutiles vous viennent, regardez-les, puis laissez-les passer avant de revenir à votre course en pleine conscience. Vous ne devez avoir à l'esprit que des sensations.

Souvenez-vous, dans votre course comme dans votre vie, la plupart des limites résident dans votre tête. La course en pleine conscience peut vous aider à les surmonter, tant sur le chemin qui s'ouvre devant vous que durant le reste de votre vie. Ainsi que le rappelle Jon Kabat-Zinn : « Plus votre esprit est en contact avec votre corps, plus vous connaissez ses vraies limites. » Alors accordez-vous le temps nécessaire pour trouver votre propre cheminement – cela peut être plus ou moins long – et soyez patient. Cependant, ces exercices pourront vous y conduire et vous ouvrir la voie. Ils vous aideront sûrement à affronter vos doutes et vos peurs avec sagesse et bienveillance. Vous n'êtes pas obligé d'abattre tous vos démons – la paix viendra à partir du moment où vous les laisserez exister. En vous engageant sur le chemin qui s'ouvre devant vous, glissez-leur un clin d'œil au passage, au lieu de les laisser vous entraîner dans une confrontation compliquée. Profitez plutôt de l'ampleur du moment que vous vivez en cet instant. C'est là que résident votre force et votre paix.

COURIR À RECULONS

« Si le chemin devant vous est dégagé,
C'est probablement que vous empruntez celui d'un autre. »
Joseph Campbell

Personne n'aime courir à reculons – enfin, pas longtemps, en tout cas. Toutefois, tout périple comporte inévitablement des revers. Quand nous courons – métaphoriquement – à reculons, alors que tout le monde semble aller dans la direction opposée, nous pouvons nous sentir exceptionnellement solitaires et isolés. Pourtant, lutter contre les tours et détours imprévisibles de l'existence, c'est s'exposer à la déception. Nous rappeler la nature tortueuse de la vie nous aide à être plus tolérant et plus philosophe, dans les moments où nous sentons tous nos efforts pour aller de l'avant contrecarrés.

Quoi que nous fassions, nous commençons souvent notre périple avec un enthousiasme non feint, avant de nous heurter à toutes sortes de démons sur notre route. Nous découvrons que nous ne sommes pas si bien équipés que nous le pensions pour un métier ou une relation, ou que les autres ne nous voient pas tels que nous nous voyons. C'est alors que commence le test véritable. Pour certains, ces défis revêtent la forme d'un handicap physique, d'un environnement familial violent, la pauvreté ou la guerre. Pour d'autres, la bataille fait rage à l'intérieur : des sentiments comme la peur, le dégoût de soi et la dépression – tel est notre quotidien quand le doute et la crainte s'emparent de nous.

FIERTÉ, HONTE ET AUTRES PARTENAIRES DE RUNNING

Si vous courez à reculons durant votre séance de TDR, demandez-vous si vous avez des leçons à retenir de cette expérience. La fierté, la honte et d'autres émotions pénibles peuvent nous en apprendre beaucoup sur nous-mêmes et ce qui réclame notre attention. Nous avons évoqué la nécessité de reconnaître nos émotions, et il n'en est pas autrement avec celles-ci. Si vous avez croisé la honte ou la fierté sur votre trajet, n'essayez pas de leur échapper. La fierté, en particulier, est un mur que nous édifions souvent pour masquer des problèmes dont nous savons au fond de nous que nous en sommes pour partie responsables.

Quand nous nous retranchons derrière la fierté, nous nous retrouvons souvent coincés avec les sentiments mêmes que nous tentions d'éviter. Par exemple, nous pouvons nous dire : « Je refuse d'admettre devant toi que je me sens faible dans ma vie, je vaux mieux que cela. » Mais ce genre de pensées surcompensatrices nous affaiblissent. Elles nous morcellent et nous épuisent du seul fait des efforts déployés pour entretenir ce qui n'est pas réel. Considérez la fierté et la honte que vous croisez sur votre route comme deux sages venus vous dispenser des conseils, ou comme des mentors détenant le pouvoir de vous révéler un trésor caché – par exemple celui de l'endroit où réside votre force véritable.

Engagez-vous dans ce processus d'acceptation avec honnêteté. C'est un travail difficile – les leçons les plus importantes sont souvent aussi les plus rudes et les dernières que nous retenons. Ayez du courage et de la foi – quand vous croiserez la fierté et la honte sur votre route, vous le saurez, et vous seul verrez ce qui se profile. Soyez patient, car vous pouvez mettre du temps à trouver ce que vous cachez.

LA LUTTE EN PLEINE CONSCIENCE

Savoir reconnaître la douleur et la peur et les voir pour ce qu'elles sont – des sentiments et des pensées qui vont et viennent, si nous savons ne pas les retenir – est au cœur de la pleine conscience. Si vous vous êtes égaré sur votre chemin et que vous avez du mal à accepter une perte d'élan, une inertie ou une sensation soudaine d'incertitude ou de peur, servez-vous de cette expérience en pleine conscience. L'un ou l'autre de ces scénarios est une bonne occasion de se livrer à une contemplation ou à une méditation en pleine conscience – après tout, rien ne va vraiment mal, n'est-ce pas ? Pour l'essentiel, ce sont simplement des pensées qui se sont ancrées en vous. Elles passeront, si vous les laissez passer. Respirez, quittez votre mental et ouvrez-vous à ce moment de vie.

Enregistrez cette sensation de blessure ou de frayeur, mais ne vous y attardez pas ou ne la combattez pas, n'essayez pas non plus de l'ignorer. Selon Pema Chödrön, auteure et religieuse bouddhiste réputée, nous devrions nous montrer reconnaissants envers ces moments de souffrance et de doute, car ils nous aident à grandir. Essayez d'utiliser ces moments comme autant d'occasions pour améliorer votre pratique. Après tout, les hauts et les bas échappent à notre maîtrise, mais pas ce que nous en faisons.

VOTRE CARTE PERSONNELLE

Quand vous vous sentez perdu, vous pouvez oublier tout ce que vous avez appris durant votre parcours. C'est lorsque nous avons le plus besoin de nos acquis que nous ne parvenons plus à accéder à la sagesse à laquelle nous avons tant œuvré. Pour cette raison, dessinez une carte avec une liste d'indications pour vous aider à trouver votre chemin dans les moments difficiles – prenez le temps nécessaire pour choisir les noms adéquats. Votre carte est un recueil des éléments les plus importants que vous avez appris – vous pouvez vous servir des notes que vous avez prises dans ce livre comme guide. Au fur et à mesure de votre progression, ajoutez-y toutes les compétences, les nouveaux mantras ou les nouvelles indications dont vous pensez avoir besoin dans les moments difficiles. Et quand ces moments-là surviendront, quand vous croirez que tout est perdu, sortez votre fidèle carte et prenez un moment pour puiser dans toute cette sagesse chèrement acquise. Dessinez votre carte ici, et donnez-lui un titre.

TITRE :

L'ACCEPTATION

Courir à reculons entraîne souvent un sentiment d'épuisement ou d'accablement. Après avoir parcouru une grande distance, vous êtes confronté à ce que les marathoniens appellent le « mur » – la sensation de vous heurter à l'insurmontable. Dans la TDR, c'est vraisemblablement une part de vous-même ou de votre histoire que vous avez du mal à accepter et avec laquelle vous avez du mal à vivre en paix. Alors, que faire ? Quel chemin emprunter pour accepter les écueils les plus rudes de la vie ?

Il existe une solution étonnamment simple : la reconnaissance. La reconnaissance mène à l'acceptation. Cela paraît presque trop facile pour être vrai, et pourtant, grâce à cette pratique qui consiste à reconnaître nos sentiments, notre expérience de nous-mêmes peut en être radicalement transformée. En reconnaissant la peur et la douleur, nous apprenons à nous accepter tels que nous sommes, et non tels que nous souhaiterions ou devrions être. Nous pouvons entrer dans le monde tel qu'il est, dans sa pure réalité. Cela nous permet d'occuper pleinement l'instant vécu – et non de nous battre contre lui, en le déformant pour masquer des impressions désagréables. Subitement, nous sommes soulagés du poids du désir et de l'attente. En nous autorisant *vraiment* l'imperfection, le monde tend, contre toute attente, un peu plus vers la perfection.

Comme nombre de coureurs vous le diront, nous trouvons un grand sentiment de force, de paix et de contentement en franchissant ce « mur ». C'est une sorte de portail, un lieu où notre résistance et notre peur s'accumulent. En reconnaissant que nous sommes face à ce mur, puis en avançant malgré tout, nous prenons conscience que nous sommes tellement plus que la somme de nos peurs. Il s'ensuit un immense sentiment de fierté, issu de notre courage et de notre force d'âme, ainsi qu'un surcroît de résilience et de confiance. Dans ces moments-là, nous avons souvent l'impression de nous être vraiment rencontrés pour la première fois.

S'ASSEOIR AVEC SA PEUR ET SA DOULEUR

Vous ne faites pas toujours l'expérience de vos émotions en mouvement. Pourtant, savoir quand s'asseoir et laisser les choses un moment en l'état peut se révéler plus difficile qu'il n'y paraît. Si vous avez le sentiment de devoir vous arrêter, écoutez ce sentiment et constatez l'effet que celui-ci produit sur vous. Lutter pour s'améliorer, c'est comme prévoir d'être plus spontané – cela peut plus ou moins fonctionner. Si vous éprouvez un besoin impérieux de lâcher prise un instant, ou si vous ressentez ce qui s'apparente à un « revirement », autorisez-vous à lâcher prise totalement.

Vous aurez peut-être la sensation qu'en vous arrêtant, vous renoncez à votre périple, alors qu'il se pourrait que vous embarquiez dans son étape la plus importante. Asseyez-vous et respirez. Accordez-vous une chance de vivre l'instant présent. Cela pourrait vous surprendre ! Essayez éventuellement quelques exercices de pleine conscience proposés au chapitre précédent. Ils vous aideront à ne plus avoir peur du futur, à ne plus regretter le passé et à vivre dans le présent. Votre cœur aura beau être brisé et votre compte bancaire presque vide, à cet instant précis, vous serez néanmoins vivant. Souvenez-vous, il est encore possible de connaître le bonheur dans une vie qui est loin d'être parfaite.

COURIR AVEC SA PEUR ET SA DOULEUR

Vous pouvez courir avec votre peur ou votre douleur, cependant, n'essayez pas de les refouler. Si vous avez passé une mauvaise journée, courez et demandez-vous si la course suffit à tout changer. Rien ne vous interdit d'explorer vos attentes concernant cette partie du périple de la TDR. Prenez-en note, mais laissez ensuite ces attentes chez vous. Offrez de l'espace à ce qui doit se révéler ou à ce qui doit s'écouler.

Comme à chaque fin de séance, prenez note de votre expérience de running, afin de réfléchir au fonctionnement de cette étape, ce qu'il représente pour vous, et à quels niveaux courir vous fait du bien. Pour certains, il s'agit de partir avec sa douleur ou sa peur, et de s'en « défaire en courant », jusqu'à ce que celles-ci rapetissent ou disparaissent. Certains de mes clients ressentent un soulagement dans le running, sans pour autant éviter ou chasser la douleur – courir dans ces moments-là leur donne plutôt l'impression de renouer avec eux-mêmes. D'autres parlent de s'abandonner à la nature et à une « puissance supérieure ». C'est différent pour chacun. À vous de trouver votre propre cheminement.

FAIRE LA PAIX

Pour décrire l'histoire de leur vie, mes clients emploient régulièrement l'analogie guerrière. Certains parlent de leurs batailles d'enfant pour survivre. D'autres évoquent un constant besoin d'être vigilants, sur leurs gardes, toujours prêts à encaisser le coup suivant. Je suis souvent impressionné, plein d'admiration et de stupéfaction face à la détermination et au courage qu'ils affichent. Avec le temps, une fois qu'ils ont raconté cette partie de leur histoire, je leur demande s'ils sont encore confrontés aux mêmes conditions de vie, et s'ils mènent la même guerre qu'auparavant. Je leur demande si l'armure pesante qu'ils portent leur est toujours nécessaire.

Il est difficile de poser sa bonne et vieille épée ou de descendre d'un fidèle coursier, après une vie entière de combats. Mais dans la promesse de ne plus jamais être une victime de notre existence peut résider une douloureuse vérité : nous nous présentons comme une victime. Nous perpétuons une guerre qui est terminée, pour laquelle nous n'avons plus besoin de nous battre. Passer sa vie à batailler contre des fantômes est une façon tragique de vivre, et pourtant nous sommes si nombreux à rester engagés dans un tel conflit, pourtant caduc.

LÂCHER PRISE

On dit souvent qu'il faut savoir choisir ses batailles. C'est en effet un sage conseil, mais quand nous n'avons jamais rien connu d'autre que la guerre, de tels mots peuvent sembler creux. Nous sommes fiers, à juste titre, de notre aptitude à tenir bon envers et contre tout et nous répugnons à renoncer à la force et aux facultés qui nous ont maintenus en vie. Je répète à mes clients que personne n'a la capacité de les leur retirer et que je n'ai certainement aucune intention de cet ordre. Ensemble, nous mesurons l'échelle et déroulons l'histoire de ce qu'ils ont traversé, de ce qu'ils ont subi, et de ce à quoi ils ont réussi à survivre. Nous rendons honneur à leurs cicatrices et à leurs talents. Et ensuite, je leur demande où sont leurs démons, aujourd'hui.

C'est souvent à grand regret que nous quittons la ligne de front – ces tranchées sont souvent le seul foyer que nous ayons jamais connu. Nous redoutons de perdre la fraternité d'autres soldats dont les batailles sont tellement similaires aux nôtres, qui comprennent ce pour quoi nous luttons et mesurent l'ampleur de l'enjeu. Si nous nous écartons de la seule existence que nous avons connue, nous craignons de voir toutes nos actions devenues vaines.

Il est essentiel de prendre la mesure du chemin que nous avons parcouru et des batailles que nous avons livrées. Avec mes clients, j'essaie d'agir en qualité de témoin, ou comme une sorte d'historien, en consignant et en reconnaissant ce qu'ils ont enduré. Ensuite, je leur demande s'il est possible d'emprunter une autre voie. Je leur pose la question : « Éprouvez-vous encore le besoin de persévérer envers et contre tout – les bombes continuent-elles de tomber ? Y a-t-il des traîtres à la porte ou des hordes de soldats sur les murailles ? » C'est un moment fort, quand ils s'aperçoivent que la bataille qui fait rage aujourd'hui ne se livre qu'en eux-mêmes. En réalité, ce sont eux qui maintiennent ces démons en vie, et qui perpétuent cette guerre.

Aussi, quand vous atteindrez cette partie du périple, demandez-vous si la situation n'a pas un peu évolué. Vous sentez-vous capable de tomber une partie de l'armure ? De baisser les armes un moment ? De libérer votre cœur ? Oui, la route est longue et le chemin incertain, mais vous avez toujours le choix. Soyez sincère et demandez-vous si une partie de cette douleur et de cette lutte n'appartiennent pas déjà au passé. Si tel est le cas, il est temps de vous autoriser à prendre une nouvelle direction, d'embarquer dans le chapitre suivant de votre vie.

Si vous continuez de vous laisser entraîner dans ces escarmouches contre vos démons, demandez-vous si vous ne pouvez esquiver ce combat quotidien. De la sorte, quand vous sentez que vous êtes dans un mauvais jour, que vous retombez dans vos vieilles habitudes, rien ne vous empêche de vous libérer de cette attente selon laquelle vous seriez encore une fois contraint d'en sortir victorieux. Souvenez-vous, s'évader ne fait pas de vous une victime, cela vous rend plus intelligent.

RENDRE VOTRE HISTOIRE RÉELLE

S'approprier son histoire est important. Connaître notre histoire personnelle et nous l'approprier relève donc à la fois de notre responsabilité et d'un droit acquis à la naissance. Mais ce peut être dur – il y a des parties que nous ne pouvons voir, dont nous ne voulons pas nous souvenir. D'autres parties paraissent irréelles et confuses. En ce sens, nos histoires ont une dimension mythologique – autant pour nous-mêmes que pour les autres. Et souvent, comme dans les mythes, le récit nous mène quelque part. En tant que héros de nos propres aventures, nous sommes responsables du dénouement du conte. C'est pourquoi le résumé final est important – c'est votre chance de donner un véritable sens à votre histoire.

Quand vous rédigerez votre résumé (qui marque la fin de votre périple), vous aurez peut-être envie d'y ajouter une dimension mythologique. Demandez-vous si le fait de vous personnifier comme le héros de ce voyage vous paraît utile. Cela peut paraître étrange, et même sot, mais ce processus peut vous permettre de débloquer le passé et vous ouvrir la voie. Écrire, en particulier sur ce mode, peut vous aider à puiser dans votre courage. Et les jours où vous vous sentez courir à reculons, souvenez-vous que cela fait partie du combat de la vie, de votre périple, et celui de tous les autres héros.

AU BOUT DE L'ARC-EN-CIEL

« Vous n'êtes pas une goutte dans l'océan.
Vous êtes tout l'océan dans une seule goutte. »
Rûmi

À un certain stade, le moment semblera venu de mettre fin au processus de la TDR. Il est important de bien le terminer et de préserver les gains que vous avez engrangés tout au long du parcours. Cette partie du processus vous permet de réfléchir aux émotions qui ont fait surface durant vos séances de running et vous autorise à vous délester d'une partie de votre bagage émotionnel.

Comme dans nombre de grandes décisions de la vie – avoir un bébé ou acheter une maison –, il n'existe pas de moment idéal pour négocier ces tournants importants. Sur votre route, il n'y a pas de panneau signalant : « Stop ! Ici, commence votre nouvelle vie. » Il est tout aussi improbable que les fantasmes auxquels vous avez pu vous raccrocher disparaissent subitement. L'amour inconditionnel de vos parents dont vous avez toujours manqué ne va sans doute pas apparaître après toutes ces années ; et votre partenaire idéal ne va pas non plus surgir tout à coup, vous garantissant l'amour et le bonheur éternel dont vous avez toujours rêvé.

Reconnaître qu'en dernière analyse vous êtes la personne la mieux placée pour vous donner ce dont vous avez besoin marque le moment où vous franchissez véritablement un cap. Ce que vous cherchez est en vous. Il attend simplement d'être revendiqué par vous. Vous êtes le seul à pouvoir vous procurer la paix, le réconfort et l'indulgence que vous désirez tant.

> « Dieu m'accorde la sérénité d'accepter les choses
> que je ne peux changer, le courage de changer
> celles que je peux changer,
> et la sagesse de distinguer entre les deux. »
> *Reinhold Niebuhr, « Prière de la sérénité »*

Dans le cadre de votre parcours, vous avez très probablement été amené à comprendre que certains aspects de votre vie ne peuvent changer ; pour ceux-là, vous n'avez d'autre solution que de lâcher prise. Mais ce lâcher-prise est ardu, tant vous avez l'impression que certaines choses sont fixées à nous. S'en défaire suppose de savoir s'il est en notre pouvoir d'y changer quelque chose. Souvent, nous restons dans le domaine du fantasme, en agissant à moitié, comme si cela n'existait pas, tout en espérant que quelqu'un ou quelque chose provoque un déplacement. Cela ne sert qu'à perpétuer le problème et à consommer de grandes quantités d'énergie. La première étape consiste à distinguer le réel du fantasme ou de l'hypothétique.

QUE CONTIENT MON SAC À DOS ?

Tout le monde conserve de vieilles affaires au fond de son sac à dos, à côté des chaussures de running et de tout le fatras que l'on transporte. Et, au fond de son cœur, chacun sait plus ou moins de quoi il s'agit. Mais préserver les vertus de la thérapie dynamique par le running signifie davantage que simplement évaluer ce qui se trouve au fond du sac, ou apprendre à en assumer le poids. Cela suppose de défaire ce sac, d'en déballer le contenu et de l'étaler au sol devant soi. Cela suppose également de l'examiner d'un œil lucide et de se dire : « Bonnes ou mauvaises, toutes ces choses existent et m'appartiennent ; je ne vais plus les ignorer. »

Ce regard introspectif suppose de vous évaluer et de vous dire : « La vérité, c'est que je ne me sens pas assez bien/assez intelligent/assez mince/assez fort. » Dans mon travail de thérapeute, je m'aperçois que l'un des moments les plus forts du changement survient quand mes clients expriment à haute voix ce qu'ils dissimulaient aux autres depuis toujours. Je leur suggère de répéter cette phrase à plusieurs reprises pour qu'ils puissent se l'approprier et entendre leur voix la prononcer. Je les invite à employer le langage le plus simple possible, avec le moins de mots possible.

Posez-vous la question suivante : y a-t-il un aspect de ce que vous ressentez de vous-même que vous n'avez jamais confié ? Examinez-vous et voyez s'il est une conviction ou une peur vous concernant, que vous ayez tout fait pour l'ignorer, la dissimuler ou la masquer aux autres. Peut-elle se réduire à une simple phrase ? En voici quelques exemples : « J'ai presque tout le temps peur », « je ne me suis jamais senti digne d'être aimé », « j'ai toujours senti qu'il y avait une part mauvaise en moi », « je ne suis pas assez fort, c'est ce que je dois cacher à tout le monde. »

Peut-être aurez-vous envie, vous aussi, de répéter ce genre de phrases à haute voix. Vous n'avez pas besoin d'auditoire. À moins que vous n'en vouliez un. Peut-être pouvez-vous l'exprimer à un inconnu, au facteur ou à votre chien. Vous pourriez essayer de courir avec cette phrase, de la crier la nuit ou sur une plage déserte. Pour certaines personnes, le fait de la dire, comme elle vient, à voix haute, se révélera immensément libérateur. Pour d'autres, il suffira de l'admettre en silence, pour soi-même. Laissez-vous le temps de prendre vos marques et de découvrir ce qui vous convient le mieux.

Il peut devenir compliqué d'endosser la responsabilité de la douleur et de la honte que d'autres ont instillées en nous, mais, que ce soit juste ou non, il nous incombe d'être en paix. Ce n'est peut-être pas vous qui avez placé là cette douleur ou cette honte, vous n'avez peut-être rien fait pour les mériter non plus, mais elles sont en vous et c'est à vous de l'accepter.

Reconnaître la vérité constitue la première étape vers la pacification. Votre parcours avec la TDR vous rapprochera de votre vérité intérieure. Rédiger ce dernier compte-rendu vous aidera à percevoir comment tout cela s'est déroulé et ce que seront vos projets d'avenir. Mais ce chapitre traite de la manière dont vous réussirez à faire la paix, de sorte que les gains enregistrés soient durables.

DIFFÉRENTS CHEMINS

Si vous souhaitez être en paix avec la vérité qui est en vous, il faut vous en donner la permission. Pour ce faire, vous devez sentir que vous en valez la peine. Certaines personnes se réveillent tous les jours, pendant soixante-dix ans, en se disant qu'elles sont trop comme ceci ou pas assez comme cela. Elles ne disent rien à leur partenaire, qui souffre à leur côté. Elles n'en parlent pas, parce qu'elles redoutent que leur vérité soit honteuse. D'autres se réfugient dans la bouteille, se tuent au travail ou abusent des réseaux sociaux. Elles se sentent mieux en vivant la main sur le pommeau de l'épée, prêtes à parer un coup qui ne viendra peut-être jamais, au lieu de baisser la garde et de s'exposer à une grave blessure infligée à leur moi véritable. Cette voie-là mène à la tragédie de celui qui ne se connaît jamais vraiment – un destin solitaire s'il en est.

Pour certains, c'est affaire de mérite. « Comment quelqu'un comme moi peut-il mériter d'être en paix avec le monde après ce que j'ai fait (ou n'ai pas fait) ? Que puis-je faire de toute ma honte, ma culpabilité et mes regrets ? » Souvent, ce genre de dégoût de soi-même s'adosse à une immense tristesse que nous ne trouvons pas le moyen d'exprimer, et qui nous enferme dans une souffrance sans fin. D'autres sont incapables de ralentir, soit parce qu'ils fuient un passé traumatisant, soit parce qu'ils sprintent vers des rêves d'un avenir meilleur. Comment pourraient-ils freiner et modifier la dynamique d'une vie ? Comment pourraient-ils nager à contre-courant quand il s'est écoulé tant d'eau sous les ponts ?

Ensuite, il y a ceux qui sont tellement écrasés par la souffrance qu'ils ne peuvent s'imaginer trouver un jour un endroit où la remiser. Aussi traînent-ils cette douleur avec eux. Souvent, ces gens sont les malheureux porteurs d'un chagrin, d'une tristesse et d'autres fardeaux qui n'étaient même pas les leurs, et dont ils n'auraient jamais dû se charger. Je considère ces gens nobles, ces égarés, comme des « porteurs ». Ils ont plus à gagner que quiconque à se délester de leur bagage.

Il est difficile de vous autoriser à déposer votre souffrance quand vous avez l'impression que c'est la plus grande part de vous-même. Cela peut susciter mille questions : que serai-je sans cela ? Comment me connaîtrai-je ? Quel effet ferai-je aux autres ? S'il ne reste qu'une part mineure de ce que je suis, en serai-je affaibli ? Comment survivrai-je ? Ne vais-je pas perdre tout ce pour quoi j'ai si durement travaillé ? Si je perds cette part de moi-même, pourrai-je la reconquérir en cas de nécessité ? C'est un flot de questions qui vous enlise, et pourtant, sachez une chose : si vous ne lâchez pas prise, vous ne trouverez aucune place, aucun moyen de découvrir la paix qui est en vous.

Il existe en nous une possibilité de pardon, de lâcher-prise, de nouveau départ, de paix. Nous sommes tous différents et uniques. C'est ce qui nous rend merveilleux ! Nous pensons notre « problème » personnel impardonnable ou inoubliable, alors que tout le monde pense la même chose de soi-même. L'histoire sera toujours différente. Et chacun de nous est au seuil d'un nouveau départ.

RÉFLÉCHIR À SON PARCOURS

Tout au long de ce livre, nous avons insisté sur l'importance d'évaluer notre rapport à nous-mêmes. C'est l'élément le plus important à prendre en compte. Vous serez toujours imparfait ; il y aura toujours des aspects de vous-même que vous apprécierez moins que d'autres. La question est de savoir si vous réussissez à les accueillir avec bienveillance. Êtes-vous capable d'être patient ? D'écouter vos besoins ? C'est en apprenant à reconnaître et à valoriser nos pensées et nos sentiments que nous pourrons passer d'un lieu de négligence à un lieu d'attention, d'intimité et de paix. De la sorte, nous devenons notre propre coach de vie intelligent, notre propre confident, notre propre oreille attentive et patiente, notre meilleur ami.

En rédigeant votre compte-rendu final (ci-dessous ou dans votre journal, tel que proposé aux pages 42-43), essayez d'adopter un ton compréhensif et compassionnel avec lequel vous voulez progresser. Souvenez-vous : votre chemin continuera de décrire des méandres, vos imperfections demeureront, mais tant que vous vous appliquerez à vous accepter et à vous reconnaître tel que vous êtes, vous vous suffirez toujours. Bonne chance et portez-vous bien.

VOTRE DERNIER COMPTE-RENDU

REMERCIEMENTS

J'aimerais remercier mes collègues thérapeutes Joanna Green, Lucy Johnson, Camille de Stempel et Mark Boyden. J'aimerais aussi remercier ma famille et tous les professeurs qui m'ont accompagné en chemin.

Achevé d'imprimer en juillet 2017 par Rodesa en Espagne
Pour le compte des éditions Hachette Livre (Marabout)
58, rue Jean-Bleuzen, 92160 Vanves Cedex.
Dépôt légal : août 2017

ISBN : 978-2-501-12406-5
70-000-22-9/01